El primer año del bebé

Otros libros de Jeanne Warren Lindsay
(lista parcial)

Your Baby's First Year: A Guide for Teenage Parents
The Challenge of Toddlers
Teen Dads: Rights, Responsibilities and Joys
School-Age Parents: Challenge of Three-Generation Living
Teenage Couples – Expectations and Realities
Teenage Couples – Caring, Commitment and Change
Teenage Couples – Coping with Reality
Pregnant? Adoption is an Option
Parents, Pregnant Teens and the Adoption Option
Do I Have a Daddy? A Story for a Single-Parent Child

Por Jeanne Lindsay y Jean Brunelli:
Tu embarazo y el nacimiento del bebé
(En inglés: *Your Pregnancy and Newborn Journey*)
Crianza del recién nacido
(En inglés: *Nurturing Your Newborn*)

Por Jeanne Lindsay y Sally McCullough:
Discipline from Birth to Three

Por Jeanne Lindsay y Sharon Enright:
Books, Babies and School-Age Parents:
How to Teach Pregnant and Parenting Teens to Succeed

El primer año del bebé
Guía para madres/padres
adolescentes

Jeanne Warren Lindsay, MA, CFCS

**Versión en español
de Argentina Palacios**

Morning
Glory
Press

Buena Park, California

El primer año del bebé
(En inglés: Your Baby's First Year)
es parte de una serie de seis libros:
Tu embarazo y el nacimiento del bebé
(En inglés: Your Pregnancy and Newborn Journey)
Crianza del recién nacido
(En inglés: Nurturing Your Newborn)
The Challenge of Toddlers
Discipline from Birth to Three
Teen Dads: Rights, Responsibilities and Joys

Información sobre la catalogación de esta publicación en la
Biblioteca del Congreso disponible si se solicita.

MORNING GLORY PRESS, INC.
6595 San Haroldo Way   Buena Park, CA 90620-3748
714/828-1998   1/888-612-8254
e-mail info@morningglorypress.com
www.morningglorypress.com
Impreso y encuadernado en Estados Unidos de América

Índice de materias

Prefacio

Casi medio millón de adolescentes dan a luz todos los años en Estados Unidos y muchos de los padres de esos bebés son también adolescentes. Aún así, casi todos los libros sobre la crianza de los hijos se dirigen a madres y padres como si fueran adultos.

Una madre o un padre que es todavía adolescente vive en dos mundos los cuales pueden estar en conflicto. La vida de un o una adolescente es muy diferente de la vida de sus iguales que no tienen descendencia. Asimismo, puede ser diferente de las familias jóvenes que controlan la natalidad hasta que ambos hayan completado su educación y estén en capacidad de formar su propio hogar.

Durante los últimos treinta años, yo he trabajado con cientos de jóvenes embarazadas y que crían a sus bebés. Como nuestro distrito escolar ofrece servicios de guardería para atender a sus bebés, muchas de esas madres jóvenes siguen en la escuela después de dar a luz. Muchas de ellas han resultado madres por accidente, pero no es accidente que muchas sean buenas madres. En el trayecto han contado con el apoyo de sus familias y su comunidad y, lo que es más importante, se esfuerzan por hacer bien su trabajo de madres.

Este libro es una guía para la crianza escrita especialmente para madres y padres adolescentes. Una gran parte se dedica a comentarios y sugerencias para la crianza por parte de jóvenes que son madres/padres "en ejercicio", adolescentes que tienen sus propios hijos. Algunos son casados, otros son solteros. Sea cual sea su estado civil, por lo general tienen más problemas monetarios que los padres de más edad. Muchos residen con sus propios padres por su edad, por falta de dinero, o ambas cosas.

Los nombres de los padres, sus hijos y unos cuantos detalles personales se han cambiado en las citas para proteger la confidencialidad. La edad de padres e hijos no se ha cambiado. Los comentarios son verdaderos y las citas son casi siempre con las palabras exactas usadas por la persona entrevistada.

El primer año del bebé es parte de una serie de seis libros para adolescentes embarazadas y padres que crian a sus hijos. Otros títulos de la serie son *Tu embarazo y el nacimiento del bebé* (en inglés: *Your Pregnancy and Newborn Journey*) y *Crianza del recién nacido* (en inglés: *Nurturing Your Newborn*), ambos escritos con Jean Brunelli, PHN; *Discipline from Birth to Three*, escrito con Sally McCullough; *The Challenge of Toddlers* y *Teen Dads*, por Lindsay.

El capítulo 5 de *El primer año del bebé* se ha escrito directamente para padres adolescentes mientras que el capítulo 6 se dedica a las necesidades especiales de las madres solteras que crían a sus hijos solas. El resto del libro es tanto para madres solteras como para parejas que crían a sus hijos conjuntamente.

La crianza a los 15 años, hasta a los 17, es tarea sumamente difícil. De hecho, la crianza de los hijos es un gran reto para casi todos nosotros. Ojalá que este libro sirva a madres y padres jóvenes a entender un poco mejor el mundo de los bebés durante ese importantísimo primer año de la crianza.

Jeanne Warren Lindsay   *agosto, 2006*

Prólogo

Fui padre por primera vez a los 30 años. En este momento, mis tres hijos están en los últimos años de la adolescencia y primeros de los veinte. Presentaron a sus padres los problemas típicos de los adolescentes. Pero nada ha sido más emocionante, y completamente aterrador, que el primer día que pasamos solos en casa con nuestro primogénito. Todo parecía tan fácil mientras la familia era objeto de la atención y cuidado del competente personal del hospital. La confianza que demostraban inspiraba la nuestra. Dar de comer, cambiar el pañal, dar de comer otra vez, consolar, dar de comer otra vez, dormir, todo parecía tan sencillo. Nos sentíamos realizados y en control de la situación.

Y entonces nos fuimos a casa.

Casi inmediatamente, la rutina que parecía fácil y normal en el hospital presentó una cara diferente. Sin el apoyo del personal del hospital, cada una de esas funciones creció y nos hacía una sombra amenazante. Aquellas sensaciones de control y competencia que habíamos sentido en el hospital se presentaron a nuestros ojos como realmente eran—meras ilusiones creadas por la euforia de la nueva paternidad. Nos dimos cuenta de que esto estaba por encima de nosotros. Nuestro hijo, frustrado por la insuficiencia de sus padres para comprender por completo el significado de su llanto, lloraba aún más. Su mamá, aún adolorida y en recuperación de una cesárea, lloraba con él. Por fin, vencido por mi propio cansancio y fracaso en alcanzar el mismo nivel de competencia que había sentido sólo un día antes, me ofrecí para completar el trío de llantos y sollozos.

Ahora me doy cuenta de que ese primer día de paternidad no hubiera sido tan aterrador si hubiera tenido este libro de Jeanne Warren Lindsay, *El primer año del bebé*. Si yo, padre a los 30 años, tuve tanta dificultad para ajustarme a las nuevas exigencias de la paternidad, ¿cómo será esto para una madre o un padre adolescente?

Jeanne da la respuesta a esta pregunta mejor que nadie que yo conozca. Con el conocimiento adquirido durante muchos años de trabajar con madres y padres adolescentes y su propia experiencia como madre, ahora nos ofrece esta versión actualizada de *El primer año del bebé*. Aunque escrito especialmente para madres y padres adolescentes, este libro porporciona información práctica y sagaz para todos los progenitores de recién nacidos. El amor que siente Jeanne por madres y padres adolescentes, y la fe que tiene en ellos, se refleja en cada página del libro.

Desde la fácil lectura a los relatos sinceros de los adolescentes, las fotos seleccionadas cuidadosamente, la amorosa atención prestada a los asuntos más sensibles de la crianza por parte de adolescentes, Jeanne mantiene el enfoque en las necesidades singulares de sus juveniles lectores.

Me sorprendí cuando Jeanne me solicitó que escribiera este prólogo al libro. Mi primera reacción fue responderle: "¿No sería mejor que lo escribiera una mamá?" Al considerar la invitación con más cuidado, me di cuenta de que ese sencillo pedido de ella reflejaba la creencia de Jeanne de que los papás, de cualquier edad y cualquiera que sea su relación con la mamá, son importantes. Ella ve a los papás con un papel más significativo que meramente ser proveedor de la mantención del menor. A nombre de los papás en todas partes, de todas las edades, le doy las gracias. Ciertamente que el capítulo "Sólo para papás" demuestra su compromiso con la participación de los padres.

Pero la expectativa implícita de que los papás van a querer ser padres que participan está entretejida por todo el libro, lo que dice claramente de la fe que tiene Jeanne en la paternidad activa.

En Carlisle, el pequeño pueblo de Iowa donde resido, he podido otra vez tener la experiencia (pero a distancia más segura), la agonía y el éxtasis de la nueva paternidad—en extremo. Kenny y Bobbi McCaughey, papá y mamá de los ahora mudialmente famosos séptuples McCaughey, residen a sólo cuatro cuadras de nosotros. Hace poco, un hermoso día de principios de primavera, sacaron a los siete de cinco meses y al de dos años a dar un paseo. Los dos cochecitos de cuatro asientos parecían un convoy de pequeños camiones Mack por la acera. Lo primero que salió de mi boca fue: "Gracias a Dios que no soy yo" y enseguida, "Gracias a Dios que tienen quien les ayude con todos esos críos". En los últimos años, todo Carlisle se ha convertido en una familia extensa para los McCaughey. Sin atentos miembros de la comunidad para ayudar a mecer, dar de comer, cambiar pañales, consolar y hacer dormir, Kenny y Bobbi estarían en estos momentos más allá de la demencia. Pero están bien y los niños no pueden estar mejor, lo que nos trae a la mente una vez más el poder y la fuerza que tienen las familias extensas.

En el prólogo a la primera edición de este libro, Martha Bullock Lambert escribió:

"Los lectores tienen acceso a una especie de famila extensa en forma de libro—llena de conocimientos y atención". A diferencia de los McCaughey, los padres adolescentes no siempre tienen la ayuda de familias extensas. Sea como sea, a una madre o un padre adolescente, una criatura puede parecerle como siete. Por esta razón, el libro de Jeanne Warren Lindsay *El primer año del bebé* es un verdadero regalo para mamás y papás adolescentes.

Tom Klaus, M.S., Program Director
Teen Pregnancy Prevention Initiative
Advocates for Youth

Reconocimientos

Agradezco a todos los que hicieron tiempo para leer y criticar parte de esta edición o toda ella y a todos los que leyeron las ediciones anteriores. Sus comentarios son inestimables.

Quizás más importante aún es la contribución de madres y padres adolescentes, los jóvenes a quienes entrevistamos y cuya cordura se encuentra por todo el libro. En las dos primeras ediciones citamos a más de 100 madres/padres jóvenes. Para esta edición, entrevistamos a doce más. Éstos son Monique Gabriel, Martha Cruz, Jamyette Morales, Eliana Mendez, Sonia Leandro, Genavieve Macias, Alexis Hernandez, Gladys Medina y Gloria Villegas. A los otros se les cita y reconoce en los otros libros de la serie de Adolescentes como padres. Igualmente apreciamos a los numerosos madres y padres adolescentes cuyas sagaces citas en las ediciones anteriores se conservan en ésta.

El finado David Crawford, maestro en el Teen Mother Program, William Daylor High School, Sacramento, tomó casi todas las fotografías. Sus modelos fueron sus espléndidos estudiantes. Carole Blum tomó fotos adicionales, en su mayor parte de adolescentes con sus criaturas en el Teen Parent Program, Tracy High School, Cerritos, CA.

Tim Rinker es el artista de la carátula y Steve Lindsay ayudó con el diseño del libro. Agradezco mucho la contribución de todos estos talentosos individuos.

Eve Wright ayudó con la corrección de pruebas y mantuvo a Morning Glory Press con el mejor ánimo durante la producción del libro. Mil gracias a ella por su valiosa ayuda.

Jeanne Lindsay

A las madres y los padres jóvenes
que comparten con tanta franqueza
en estas páginas.

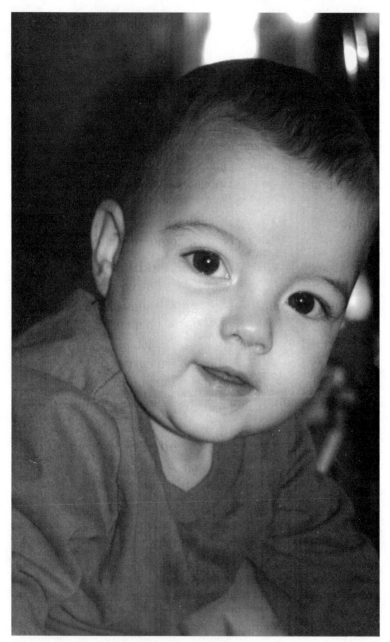

La crianza es realmente un reto maravilloso.

Primera parte

Esos primeros meses

Si leiste **Crianza del recién nacido,** adquiriste conocimiento sobre la crianza durante las primeras tres o cuatro semanas con tu recién nacido. Encontraste sugerencias para lo que hay que hacer cuando el bebé llora, cuando se baña, se le cambian los pañales y para bregar con tus propias frustaciones.

El primer capítulo de **El primer año del bebé** va a reforzar algunas de las cosas que ya sabes sobre el primer mes con tu bebé, pero con menos detalle.

¿Cómo puede una personita cambiar tan rápidamente en sólo tres o cuatro meses? Esos sorprendentes cambios se presentan en el capítulo 2, junto con el impacto que tienes tú, la madre/el padre, en el desarrollo físico, emocional e intelectual de la criatura.

Quieres ayudar a que el bebé aprenda de la mejor manera posible. El capítulo 3 incluye una breve discusión de cómo se desarrolla el cerebro humano y cómo puedes ayudar en ese desarrollo.

Haz empezado la desafiante jornada maravillosa de la crianza. ¡Disfrútala!

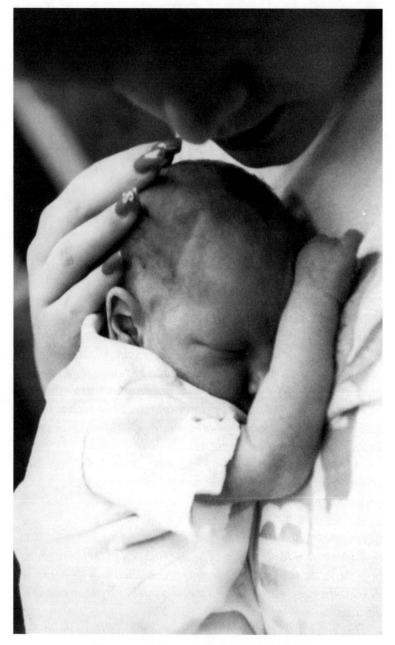

Tu nueva vida como madre ha empezado.

1

Comienzo de la vida con tu bebé

- ¡Nunca se duerme lo suficiente!
- ¿Por qué lloran los bebés?
- El bebé decide cuándo comer
- Si le estás dando el pecho
- Amamantar corto tiempo
- Si le estás dando el biberón
- ¿Tiene suficiente?
- Nunca jamás una mamila recostada
- El baño de tu bebé
- Suplementos de vitaminas/minerales
- Atenderte a ti misma
- Está cambiando

La primera vez que la vi no podía creer que era mía. Yo nunca antes había visto a un recién nacido. Me puse a llorar y mi novio me dijo: "¿Y ahora por qué lloras?" Es que yo sentía algo especial por dentro.

Cuando la tuve en brazos por primera vez, me sentí como que tenía que protegerla de todo el mundo. Ahí mismo me prometí que estaría con ella siempre, que las decisiones que tomara serían siempre lo mejor para ella aunque no fueran fantásticas para mí.

Kimiko, 17 – Sujatha, 5 meses

Yo no podía creer que ella estaba aquí y que había salido

de mí. Estaba muy contenta principalmente porque ahora
podía atenderla. Pero también tenía miedo porque no sabía si
iba a ser una buena mamá o no.

Ukari, 17 – Kendall, 4 semanas

La casa estaba llena de gente las primeras dos semanas y
eso fue lo peor. Me hubiera gustado que esperaran un par de
semanas más. Yo estaba muy pero muy cansada. Parece como
que nunca duermes.

Llegas a casa y él está tan chiquitito que tienes que darle
de comer cada dos horas. Yo estaba desgastada, pero mi
mamá me preparaba la comida y limpiaba todo.

Esto es divertido—antes nada me despertaba pero ahora
cuando apenitas llora, me despierto. Puedo estar en la
cocina, con la lavadora andando, ruido por todas partes,
y lo oigo.

Adriana, 16 – Danny, 3 meses

¡Nunca se duerme lo suficiente!

Cuando sales del hospital y regresas a casa, lo más
probable es que vas a estar cansada y las necesidades del bebé
no te van a dar mucho tiempo para descansar.

Ten paciencia con ella. Las dos primeras semanas yo me
impacientaba porque quería dormir y Jenny no se dormía.

Duerme cuando tu bebé duerma. Yo tenía que lavar la
ropa, colgarla, doblarla, lavar los platos. No tienes tiempo
para dormir, pero tienes que hacer el tiempo. Dormir es
importante para mí.

Rosita, 18 – Jenny, 4 semanas

Casi todos los padres sienten este abrumador cansancio.
Casi todos también sienten el júbilo de la maternidad/
paternidad temprana. Tener en brazos a un indefenso bebé por
lo general hace sentir algo maravilloso tanto a la mamá como
al papá.

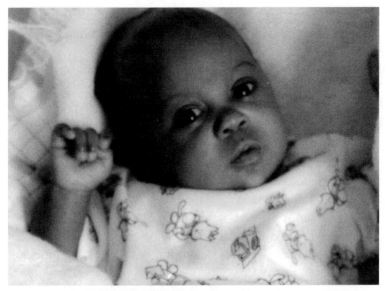

A veces es difícil saber lo que necesita.

¿Por qué lloran los bebés?

Los primeros meses casi me da un ataque cardíaco porque todo era nuevo para mí. Yo decía: "¿Qué le pasa? Le di la mamadera. Le cambié el pañal".

Luego me ponía a llorar. Llamaba a mi mamá o a mi suegra. Me ponía bien nerviosa, pero después de los tres meses, como que tomamos el ritmo.

Ernesta, 20 – Jeremy, 3; Osvaldo, 5 meses

Los bebés lloran por muchos motivos, no sólo cólico. (Ver la página 63 para más información sobre el cólico.) Más a menudo, tiene hambre. La solución es sencilla. Dale de comer.

¿Necesita tu bebé que lo hagan eructar varias veces mientras come? ¿O le incomoda que le interrumpas la comida para hacerlo eructar? Tal vez necesita eructar más si llora después de la comida.

Tu bebé a lo mejor prefiere que lo tengas sobre el hombro y le des un golpecito o le frotes la espalda hasta que eructe. O a lo mejor le gusta que lo hagas eructar sentado en tu regazo,

o boca abajo en tus rodillas. Tu bebé a lo mejor puede eructar
en pocos segundos, o puede que le tome varios minutos. Lo
importante es que eructe cuando lo necesita.

Ciertos bebés lloran porque han orinado o evacuado.
También la solución para esto es sencilla. Cámbiale el pañal.
Otros bebés dan la impresión de que no pueden dormirse
sin irritarse un poco. Si estás segura de que no tiene hambre,
ni frío ni calor, ni necesita que le cambien el pañal, y sigue
llorando, a lo mejor necesita que la carguen un rato.

Un paseíto en el auto (con seguridad, en el asientito para
bebé), también la puede calmar. Ciertas madres dicen que sus
bebés se duermen apenas se enciende el motor.

Quizás le gusta la música. Podría gustarle música suave
cerca de la cuna. ¿Tiene un columpio? A veces el movimiento
del columpio calma a un bebé.

Tienes que saber que tu bebé no llora para molestarte. No
llora porque la has malcriado. Llorar es la única manera que
tiene de decirte que te necesita.

Sobre todo, tienes que saber que tú no puedes malcriar a un
recién nacido. Si estás con ella cuando te necesita, ella
aprende a confiar en su mundo. Probablemente va a llorar
menos en el futuro si se atienden ahora sus necesidades.

El bebé decide cuándo comer

Tienes que darle de comer a tu bebé cuando tenga hambre.
Esto quiere decir que no puedes programar sus comidas de
acuerdo con el reloj. El bebé no tiene reloj. ¡Y no llora para
ejercitar los pulmones!

Durante los primeros meses, casi siempre cuando tu
bebé llora es probablemente porque tiene hambre. Ofrécele
enseguida el pecho o la mamadera. Esto puede ocurrir cada
hora o cada dos horas al principio, especialmente si
amamantas.

Patty llora lo promedio. No siempre le doy de comer
porque no estoy segura de que tiene hambre. Le doy una

*palmadita en la espalda y se vuelve a dormir. También le
gusta un chupete.*
*No la dejo llorar mucho rato. Mi mamá dice que la deje
llorar para que ejercite los pulmones, pero yo no estoy de
acuerdo con eso.*

Beth, 18 – Patty, 3 semanas

Si no quiere comer, por supuesto que no le vas a dar de
comer a la fuerza. Investiga por si es que el llanto se debe a
que ha orinado o evacuado. Pero lo primero es ofrecerle el
pecho o la fórmula.

Si le estás dando el pecho

*¿Por qué le di el pecho? Porque me parecía que era más
saludable para el bebé y porque es más fácil que preparar
el biberón. David (el maestro) siempre nos dice que es más
nutritivo, que sirve para apegarse al bebé. Cualquiera puede
darle de comer a un bebé con una mamila.*

Lacey, 16 – Jenilee, 1 mes

La leche materna es generalmente el alimento ideal para el
bebé. También es bueno para la mamá – no hay mamaderas
que lavar, ni fórmulas que mezclar y siempre está a la
temperatura adecuada.

El capítulo 11 de *Tu embarazo y el nacimiento del bebé* y
el capítulo 2 de *Crianza del recién nacido* ofrecen mucha información sobre la lactancia materna—por qué, cómo, cuándo
y dónde. Vamos a repetir brevemente los puntos salientes.

En primer lugar, ¿por qué amamantar? Es mejor para tu
bebé y puede ser sumamente satisfactorio para la mamá. Es
más barato y más conveniente.

Aunque le des el pecho sólo unos cuantos días, le darás
protección extra contra las enfermedades. Tus pechos no
producen leche durante dos o tres días después de dar a luz.
Lo que producen se llama calostro, una sustancia amarillenta
que le va a ayudar al bebé a no contraer resfriados ni otras

enfermedades. Los primeros días de lactancia preparan bien a
tu bebé para la vida.

Cuando te duelan los pezones, lo que puede suceder la
primera semana, te puede servir dejarlos al aire para que se
sequen después de amamantar. Si tu bebé se pega debidamente, los pezones no te deben doler mucho. (Pegarse se
refiere a cuando el bebé se mete el pezón en la boca.) Pon
atención para que le entre lo más posible de la aréola (la parte
oscura alrededor del pezón) cuando chupa. Si esto te duele,
para la succión, despégalo y vuélvelo a pegar con más de la
aréola en la boca.

*Kendall se pegó bien en el hospital. Me dolía un poco pero
la enfermera me dijo que la cosa iba a mejorar. Me alegro
de que continué. Les dije que no le dieran biberón, que me
la trajeran cuando yo la pidiera y así lo hicieron. Nada de
biberones.*

Ukari

Mientras más chupa el bebé, más leche produce tu cuerpo.
Para empezar bien la lactancia, lo mejor es no darle mamadera
al bebé durante el primer mes.

*Dormir lo suficiente es muy difícil porque mi novio no se
puede levantar a darle de comer ya que yo le estoy dando el
pecho. Él dijo que se podía levantar y darle mamadera pero
como yo le estoy dando el pecho, no puede hacerlo. Muy de
vez en cuando, cuando estoy sumamente cansada, le digo que
prepare una mamadera y se la dé.*

Ukari

Después del primer mes, es buena idea darle una mamila
de vez en cuando. Así tendrá menos objeciones a tomar la
mamila si tú no estás disponible—y así el papá y la abuelita le
pueden dar de mamar ocasionalmente.

No es necesario que te encierres en tu cuarto cuando le das
de mamar. A los bebés les gusta comer cuando tienen hambre,

como a nosotros, pero a ellos les cuesta mucho más esperar.
Tú puedes lactar casi en cualquier sitio si echas una mantita
sobre el bebé.

*Me parece que dar el pecho es más fácil que el biberón.
Cuando la bebé se despierta en la madrugada, no tengo que
levantarme y calentar ningún biberón. Para mí es más fácil
pegarla al pecho.*

*Empecé a darle biberón cuando salíamos porque yo no
quería darle el pecho en público. Ahora se lo doy en
cualquier parte porque ya sé cómo taparme. A veces
necesitas práctica.*

Kimiko

Amamantar corto tiempo

Ciertas madres dan de mamar sólo unos cuantos días.
Saben lo importante que es el colostro para el bebé en estos
momentos. Muchas mamás siguen haciéndolo hasta que el
bebé pueda beber leche de una taza, tal vez hasta un año. Les
dan a sus bebés una mamila de vez en cuando pero dependen
principalmente de la lactancia materna. Unas cuantas mamás
amamantan más tiempo y eso también está bien, por supuesto.

*Yo le di el pecho porque todas mis tías, todo el mundo en
mi familia, siempre da el pecho. Me decían que si yo alguna
vez tenía un bebé, lo mejor era darle el pecho.*

*Le di de mamar hasta los dos años. Me iba al centro
infantil a la hora de su siesta para darle de comer.*

Mariaeliza, 17 – Joseph, 3

Shauntika amamantó un tiempito, luego decidió cambiar
a biberón:

*Yo le di el pecho las semanas que no iba a la escuela. Fue
magnífico, pero dejé de hacerlo cuando volví a la escuela.*

*Al principio fue difícil porque no tenía idea de lo que
estaba haciendo. Me dolían los pechos cuando dejé de
hacerlo. Eso fue un sábado y tomó el biberón el domingo.*

Shauntika, 17 – Dante, 5 meses

Si decides dejar de amamantar a tu bebé, hazlo poco a poco. Cambiar de dar el pecho a la mamadera repentinamente es difícil tanto para ti como para tu bebé.

Los pechos de Shauntika le dolían cuando dejó de amamantar porque el cuerpo seguía produciendo leche. Es mucho mejor darle un biberón diariamente durante varios días, después darle uno más y así sucesivamente hasta que todas las comidas sean de la mamila. De esa manera tú y tu bebé se ajustarán mejor al cambio que si lo hacen de repente.

Ya sea que decidas darle el pecho sólo unos días, unos cuantos meses, un año o más, debes saber que le estás dando a tu bebé el mejor regalo que sólo tú le puedes dar.

Si le estás dando el biberón

Si le estás dando la mamila, probablemente sabes ya que puedes optar por fórmula ya preparada, concentrada o en polvo. La preparada es la más cara y la más fácil de usar.

Cualquiera que sea la fórmula que elijas, tienes que seguir las instrucciones al pie de la letra. Asegúrate de que las mamaderas y los mamones o tetillas estén absolutamente limpios. Tienes que hervir el agua y dejarla enfriar antes de mezclarla con la fórmula concentrada o la fórmula en polvo. Debes chequear la temperatura antes de dársela al/a la bebé.

Si tu bebé se muestra algo incómodo, posiblemente sea por alergia a la leche de vaca. Consulta con la proveedora de atención médica por si puede recetar una fórmula a base de leche de soya.

No calientes el biberón en el horno de microondas. Esto es muy peligroso. La mamila tal vez se siente fresca, pero la fórmula que está dentro de ella puede estar tan caliente como para quemar a tu bebé.

Ya sea que le des el pecho o la mamadera, mantén a tu bebé pegada a ti al darle de comer. Éste es un momento especial para que se conozcan mejor mutuamente. Tú le hablas y le sonríes y tú y la criatura se van a sentir más unidas.

La hora de comer es un momento especial para bebé y mamá.

¿Tiene suficiente?

*Le doy de comer, podríamos decir, cada vez que me lo
pide. Era un buen bebé. Se despertaba de noche para comer y
enseguida se volvía a dormir.*

*Mi prima no cree en eso de darle de comer cuando lo pide.
Dice que Orlando se va a engordar, que va a tener obsesión
por la comida cuando crezca. Pero Orlando sabe
cuándo comer.*

Holly, 17 – Orlando, 5 meses

Si le estás dando la mamadera, tú sabes cuánta fórmula
darle al bebé. Si a veces no se toma todo, probablemente es
que no tenía mucha hambre. No insistas en que se lo tome
todo. Su apetito, como el tuyo, probablemente va a ser tan
variable de comida a comida. Si vacía la mamila y aún parece
tener hambre, puede ser que necesite más fórmula enseguida.

Ciertas mamás lactantes se preocupan porque no saben
exactamente la cantidad que obtiene el bebé. ¿Está satisfecho

por lo menos una o dos horas después de cada comida? ¿Se orina por lo menos 6-8 veces al día? ¿Está aumentando de peso? Si estas cosas están ocurriendo, te está diciendo que está obteniendo suficiente leche.

Si tu bebé parece como que tuviera más hambre como a las dos semanas, seis semanas y a los tres meses, probablemente es que está creciendo aceleradamente. Necesita más comida y a lo mejor tú no tienes suficiente leche para darle. La solución no es dejar de darle el pecho y correr en busca de fórmula. Lo que hay que hacer es, sencillamente, amamantar con más frecuencia. Tu bebé es quien controla la producción de leche. Si toma el pecho más a menudo, tú produces más leche. Este aumento de leche puede tomar dos o tres días. Entonces tu bebé tal vez volverá a mamar con menos frecuencia y estará satisfecha.

Si le estás dando el pecho, especialmente, tu bebé no necesita agua los primeros cuatro a seis meses.

Pero si tiene fiebre o diarrea, necesita agua extra. Si tiene hipo, dale un sorbito de agua en una cucharita. Para los cuatro meses, puedes probar a darle un poquito de agua en una taza pequeña. Puede que esté listo para tomar un par de sorbitos.

Nunca jamás una mamila recostada

A mí no me gusta recostar la mamila. Los bebés se ahogan.
Beben demasiado rápido y no la pueden tragar toda.

Chelsea, 19 – Clancy, 2 meses

Siempre debes tener al bebé en brazos cuando le das el biberón. Acostarlo y apuntalarle la mamadera en la boca no es recomendable.

Una mamila en esa forma no le da cariño ni apoyo emocional. Y eso lo necesita de ti. Necesita el contacto visual cuando come.

Además del amor que recibe cuando está en brazos al comer, también es probable que tenga menos infecciones de oído si no le recuestas o apuntalas el biberón. Muchas infecciones de oído son el resultado de biberones recostados. El conducto del oído a la garganta no se vacía bien en la infancia. La fórmula, si no se "sirve" debidamente, se le puede ir a los oídos y causarle una infección.

La mamila apuntalada es peligrosa también por otra cosa. Si escupe, se puede ahogar con el cuajo de la leche porque no lo puede escupir con la mamadera en la boca.

Aunque ya esté más grandecito y en capacidad de sostener su propio biberón, seguir con él en brazos cuando come es confortable para ambos. Pasar de biberón a taza tal vez sea también más fácil para el bebé si está acostumbrado a llevar la mamila consigo de un lado a otro.

Si tu bebé necesita chupar más de lo que chupa en el pecho o la mamadera, tal vez convenga darle un chupete o mamón. Por supuesto que no se le da el chupete o mamón cuando necesita comer, pero está absolutamente bien dárselo después de comer.

Eso sí, no se sustituye el chupete por atención, comida o cambio de pañal que necesita cuando llora.

Duerme profundamente —
pero pronto va a estar listo para comer otra vez.

El baño de tu bebé

Sabemos que la bebé quiere sentirse cómoda. Para estar cómoda, necesita estar limpia.

Probablemente le diste a tu bebé baños de esponja durante la primera o segunda semana en casa. No lo metiste en el agua hasta que se le cayó el cordón umbilical. Probablemente lo acostabas en una toalla en un cuarto calentito, lo lavabas con una toallita enjabonada, lo enjuagabas bien y lo secabas.

Los baños verdaderos, cuando lo metes en el agua, pueden atemorizar un poquito al principio.

Mi mamá le dio el primer baño a Orlando. Me preguntó si yo quería bañarlo pero yo la dejé que lo hiciera las dos primeras veces. Yo estaba totalmente aterrada la primera vez que lo bañé. Yo lloraba porque él lloraba. Me parece que al principio no le gustaba estar desnudito pero ahora le encanta.

Holly, 17 – Orlando, 5 meses

Cuando bañes al bebé, lávale la cabeza y la cara primero. No le enjabones la cara. Lávale el cabello con jabón común y corriente o con champú de bebé por lo menos una vez a la semana. Después, con las dos manos, enjabónale el resto del cuerpo con jabón. Lávale los órganos genitales lo mismo que el resto del cuerpo. Después de enjuagarlo completamente, envuélvelo en una toalla y sécalo con palmaditas.

Muchas muchachas tienen miedo de sostener al bebé porque está muy resbaloso. Está pequeñito pero es una persona y no debes tener miedo de tenerlo en las manos.

A Gary ahora le gusta el baño y se ríe un poquito cuando le lavo el cabello con agua tibia.

Leica, 18 – Gary, 3 meses

La hora del baño es un buen momento para hablar con tu bebé. Describe lo que estás haciendo. Dile que es hermosísimo. Al principio a lo mejor no le va a gustar, pero es muy probable que al poco tiempo lo disfrute.

Cuando bañes a tu bebé, siempre debes probar el agua para estar segura de que no está demasiado caliente. Pruébala con el codo, que es más sensible a la temperatura que las manos. Nunca dejes a tu bebé solo o sola en el baño.

Suplementos de vitaminas/minerales

Tienes que seguir tomando tus vitaminas prenatales por lo menos dos o tres meses si estás lactando. Como tú tomas las vitaminas, tu bebé no las necesita durante esos primeros meses. Las vitaminas le llegan en tu leche.

¿Le has preguntado al médico si tu bebé necesita fluoruro extra? La suficiente cantidad de fluoruro evita las caries dentales, pero demasiado puede descolorar los dientes. ¡No te sobrepases!

Hierro. Si estás comiendo la suficiente cantidad de alimentos nutritivos ricos en hierro, tu leche le va a proporcionar el hierro necesario para el crecimiento de tu bebé durante unos cuatro meses. Entonces tu proveedor de atención médica te puede recomendar un suplemento de hierro. O si no, te puede recomendar que le des cereal fortificado con hierro.

Casi todas las fórmulas comerciales contienen hierro. Tu médico te ayudará a decidir cuál es mejor para tu bebé.

Atenderte a ti misma

Atender a un bebé es más difícil de lo que me imaginé. Yo había sido niñera antes y me había gustado, pero es más difícil cuando se trata de tu propia criatura. Lo tengo siempre en la mente. No pienso en nada más.

Me despierto pensando: "¿Está bien?" Cuando me acuesto a dormir, tengo que oírle la respiración. Cuando estaba de niñera, les daba la comida y los atendía cuando estaban despiertos pero no me preocupaba tanto.

Seilay, 16 – Anders, 3 semanas

¿Cómo te entiendes con lo que sientes? Es especialmente difícil si tu bebé llora mucho. Ciertos bebés lloran más que otros, a pesar de que la mamá y el papá tratan de atender todas sus necesidades.

Lo más difícil de esas primeras semanas con el bebé puede ser la falta de tiempo para hacer nada por o para ti.

Esas primeras semanas, todo me gustaba, de veras, excepto despertarme a media noche. Me gusta observarlo, darle de comer, atenderlo.

No me gusta que no tengo tiempo para hacer nada de lo que tengo que hacer. Tengo que limpiar, darme una ducha. Cuando se duerme, tengo sólo unas dos horas para limpiar mi cuarto, ducharme, todo. A veces me tomo una siesta. Solía estar medio dormida cuando le daba el biberón, pero ahora estoy acostumbrada.

Sheila

Ya sea que estés dando el pecho o la mamadera, tienes que atenderte a ti misma. Cuando das el pecho, necesitas 500 calorías extra diariamente. Un sándwich y dos vasos de leche extra además de tu nutritiva dieta "regular" deben ser lo suficiente.

Igualmente, asegúrate de tomar 12-16 vasos de agua diariamente. No tienes que beber leche para producir leche. Por supuesto, si puedes beber leche, bébela, inclúyela como parte de tus líquidos. Además, debes beber agua y jugos de frutas.

Si tomas café, té o gaseosas, limítate a dos tazas al día. Opta por las descafeinadas porque las que contienen cafeína no so buenas para tu bebé.

Cuando estás lactando, ponte cómoda. Si te cansas mucho, tal vez no puedas producir mucha leche. Aunque des la mamila, tu bebé no necesita una madre agotada. Atiéndete a ti misma.

Si puedes volver a la escuela a las tres o cuatro semanas de dar a luz, preferiblemente con tu bebé, vas a estar terriblemente ocupada. Pero a lo mejor esto realmente te puede reducir las frustraciones.

El Teen Parent Program es un gran paso para mí. Yo me preocupaba por obtener el estudio en casa y estar en casa todo el día. Para mí, la guardería y la escuela es algo como una pausa de todo. Nunca tenía tiempo para nada hasta que empecé a ir a la escuela. Los primeros dos meses la llevaba al baño conmigo. Esos dos primeros meses fueron muy difíciles.

Kimiko

Está cambiando

Anders estaba todo arrugadito al principio, pero ahora que está más grande, se ha llenado.

Seilay, 16 – Anders, 3 semanas

Háblale a tu bebé cuando esté despierta. Tu bebé cambia rápidamente aún durante el primer mes de nacida. Cada semana que pasa, va a responder más y más a tu conversación. Tú, su madre, eres la persona más importante en su mundo.

Darle de comer a tu bebé, sea el pecho o el biberón, es parte importante de mantenerla confortable. Toda comida es un momento de acercamiento, calor y amor cuando le hablas y se miran a los ojos mutuamente.

Como hemos enfatizado antes, dale de comer cuando tenga hambre. Cámbiale el pañal cuando se orine. Háblale y tómalo en brazos cuando se sienta solo. Te compensará más y más con el paso de los días.

Tu jornada de la maternidad/paternidad ha empezado.

Meterse cosas en la boca es la manera
que tiene de conocerlas.

2

Su mundo cambia

- ¿Cómo cambia tu bebé?
- Ahora sonríe
- Las manos son un gran descubrimiento
- Multitud de cambios
- Nada de alimento sólido todavía
- A jugar con tu bebé
- Ayúdale a hacer ejercicio
- Necesita un hogar tranquilo
- Otros cuidadores
- ¿Y la planificación familiar?
- Llamar a WIC
- Ya no es recién nacido

Juan intenta hablarme y hace sonidos. Por lo general está contento y sonríe ampliamente. Se ríe en voz alta. Duerme toda la noche. Se despertaba en la mañana y era a llorar. Ahora juega hasta que yo me despierto. Duerme con un osito y cuando se despierta, le habla. Se mueve en su cuna y se voltea de un lado a otro.

Antes, para sacarlo, nomás estaba allí, pero ahora tiene mucha personalidad. Le encanta el baño—inclusive que le lave la cabeza. Esto lo cansa y lo pone a dormir.

Ginny, 17 – Juan, 4 meses

¿Cómo cambia tu bebé?

Para los dos meses, el mundo del bebé, y el tuyo, cambia rápidamente. Para los cuatro meses, ese recién nacido normalmente dormilón se vuelve una personita que "puede hacer algo".

Para empezar, el control que tiene el bebé de su cabeza va a cambiar rápidamente. Al nacer, la cabeza la tiene muy pesada y él tiene muy poco control de la misma. Hay que sostenérsela cuando uno lo toma en brazos y lo carga. Un mes más tarde, aún necesita que le sostengan la cabeza. Pero si lo pones boca abajo, ahora puede levantar la cabeza un poquito y moverla de lado a lado. Para los dos meses, puede levantarla y mantenerla así unos segundos.

A los tres meses, los músculos del cuello y la parte superior de la espalda están más fuertes. Boca abajo, se puede levantar con los brazos y mantener la cabeza levantada. Si lo alzas cuando está boca arriba, la cabeza no se le va a caer hacia atrás. En comparación con sus habilidades al nacer, ha progresado enormemente.

Ahora sonríe

Tal vez lo más emocionante a los dos meses es la sonrisa. Si se siente bien, va a sonreírle a casi todo el mundo.

A los cuatro meses es muy común tomar fotos para mandar a los abuelos. Uno puede estar casi seguro de que va a sonreír y verse de lo mejor cuando se toma la foto.

Además, para esta época también va a tener risitas entrecortadas y se reirá en voz alta.

Hace como una semana Gary se descubrió los pies. Tira de ellos, intenta metérselos en la boca. Arrulla, chilla y grita todo el tiempo.

Ahora se ríe en voz alta más a menudo. Siempre está contento excepto cuando está mojado o tiene hambre.

Leica, 18 – Gary, 3 meses

Las manos son un gran descubrimiento

Como a los cuatro meses empezó a mirarse las manos. Las movía de un lado a otro y les fijaba la vista por largos ratos.

Shuquala, 17 – Haley, 9 meses

A los tres o cuatro meses, hay un cambio grande e importante cuando tu bebé empieza a mirarse las manos. A veces se le llama a esto "atención a las manos". El primer mes, más o menos, tiene las manos empuñadas y parece que no se da cuenta que las tiene. Se mete el puño en la boca y lo chupa apenas nace, pero esto es más que nada una acción refleja, no una actividad aprendida. Si le metes un dedo en el puño, te sorprenderá la fuerza de ese apretón, pero, repetimos, es acción refleja.

A los dos meses, seguirá con los ojos los objetos que se mueven. Abrirá y retraerá la mano al tratar de alcanzar un objeto. Ponle un juguete en la mano y lo tocará y observará al mover la mano.

Un mes más tarde, puede que sostenga una mano frente a sí y le fije la mirada, a veces durante varios minutos.

Carol se mete las manos en la boca, se las mira, las aprieta en el estómago. Ayer miró tanto que casi se le saltan los ojos de mirarse la mano.

Kristyn, 17 – Carol, 3 meses

Ahora se mira las manos, en parte, porque ahora las puede ver con más claridad. El primer mes, y hasta el segundo, no podía ver bien los objetos pequeños a su alrededor. Veía el mundo un poquito borroso. A los tres o cuatro meses probablemente ve casi tan bien como un adulto.

Una vez que empuñe menos las manos, podrá mover los dedos. Esto le da algo más que estudiar. Verás que fija la mirada en las manos, mueve los dedos de un lado a otro, por cinco o diez minutos cada vez.

Una o dos semanas después de que empiece a mirarse las

manos, verás que tratará de batear distintos objetos. Sostén un
sonajero/una maraca a cinco o seis pulgadas de sus ojos. Es
probable que no sólo mire el objeto sino que también intente
levantar el puño y darle.

Multitud de cambios

*Carol se muda de lugar. A veces la pongo en un lado de la
manta. Cuando regreso de echar la ropa en la lavadora, se ha
salido de la manta.*

*Se voltea de arriba abajo y de abajo arriba. La ayuda-
mos con almohadas. Se puede sentar un segundo, después se
vuelve a caer.*

                                                            Krystyn

Este período es el último en que tu bebé va a pasar gran
parte del tiempo boca arriba o boca abajo. Pronto va a aprender a voltearse de un lado al otro.

Probablemente esté despierto la mitad del tiempo y parezca
contento casi siempre. Por supuesto que una enfermedad, o
indigestión, y la salida de los dientes, lo pueden incomodar.
Generalmente, las cosas se ven bien a los ojos de un individuo
de dos a cuatro meses.

De los tres a los cuatro meses la bebé se puede sentar con
ayuda. Al sentarse erguida tiene una vista más panorámica
de su mundo.

Imagínatelo. ¿Cuánto podrías ver si estuvieses siempre
acostada? ¡Qué gran diferencia poder uno sentarse!

*Yo siento a Blair recostado en un sofá con almohadones
alrededor. Le gusta esa posición. Así puede ver más. Es
muy curioso.*

                                            Brooke, 18 – Blair, 3 meses

Nada de alimento sólido todavía

Los bebés menores de seis meses no necesitan (ni tampoco
se les debe dar) nada de comer excepto leche materna o

fórmula. Su sistema digestivo no está en condiciones de
aceptar ninguna otra clase de comida.

Darle cereal en la noche a un bebé de dos meses no le va
a permitir dormir toda la noche. Puede ponerse malhumorado
e incómodo al día siguiente a causa de problemas digestivos
por el cereal. De ser así, podría estar tan cansado de noche que
va a dormir mejor. Pero no le des el crédito al cereal por
esa situación.

Rania, 16, mamá de Khalid, 2 meses, se quejó de que
Khalid lloraba mucho de noche. Mencionó el cereal que le
daba de noche. Dijo que necesitaba algo sólido en el
estómago. La enfermera escolar sugirió que no le diera el
cereal un par de noches. Así tal vez iba a dormir mejor.

Cuando Rania volvió a la escuela varios días más tarde,
me secreteó aparte a mí (su maestra) y me dijo: "Sra. Lindsay,
tiene que decirles a esas muchachas que no les den cereal a
sus bebés por la noche. Es duro para el estómago. Khalid
durmió mucho mejor las dos noches que no le di cereal".

Casi sobra decir que fue la misma Rania quien les dijo a
"esas muchachas" que darles a sus bebés comida sólida muy
temprano es una locura.

A jugar con tu bebé

*¿Cómo es Caelin ahora? Sonríe más. Me reconoce cuando
me voy de la habitación. Antes, lloraba cuando yo salía del
cuarto, pero ahora no. Más o menos se ríe entrecortadamente.
Mueve las manos y se mete en la boca lo que sea que yo le dé.*

*Si pongo un peluche encima de Caelin, lo aparta. Observa
el móvil y se ríe. También tiene un espejito y se ríe cuando
lo mira. Y tiene su "montruo galletero". Cuando le das, se
menea. Entonces ella le da pataditas-- me parece que le gusta
la vibración.*

*Cuando le leo a Caelin, se sonríe y observa todo lo que
hay en las páginas.*

Alaina, 17 – Caelin, 4 meses

Le gusta estar afuera.

Si la temperatura es agradable, a tu bebé le encantará estar
al aire libre. Acuéstala en una mantita a la sombra de un árbol
donde pueda ver la luz del sol por entre el follaje y oír el
susurro de las hojas. Pero no la dejes sola afuera, a no ser que
estés trabajando frente a una ventana muy cerca de donde
está ella.

Sus primeros juguetes deben ser lo suficientemente grandes
para que los pueda agarrar con facilidad y no se los pueda
meter en la boca. Deben ser lavables y sin extremos o
cantos agudos o filosos. Quítales cualquier pedazo que se
pueda desprender fácilmente. Quítale los ojos o botones a
cualquier peluche. Les puedes bordar los ojos porque ésos no
pueden atorar a tu bebé ni se los puede tragar.

Ayúdale a hacer ejercicio

Yo la pongo en el sofá y la recuesto para que no se caiga.
Le hago ejercicio. Cuando la pongo boca abajo se voltea,

primero la cabeza y después el cuerpo. Y cuando me la pongo en el regazo, la paro y ella empuja con los pies.

Alaina

Todos necesitamos ejercicio, hasta tu bebé. Dale amplia oportunidad de patalear y mover los brazos a su gusto. Cuando tenga tres o cuatros meses, va a poder mantener las piernas levantadas. Si la habitación está calentita, le va a gustar hacer ejercicio sin ropa.

Cuando esté boca arriba, pronto va a empezar a patalear. Si siente presión en la planta de los pies, puede ser que empuje contra esa presión una y otra vez.

Le puedes hacer presión a los pies de dos modos. Primero, si el borde de la cuna es sólido, colócala de modo que pueda empujarlo con los pies. Segundo, la puedes parar brevemente en una superficie dura. Tal vez le gustará empujar con los pies un minuto o dos.

Tal vez le guste que le ayudes cuando hace ejercicio. Tómale los pies delicadamente y empújale las rodillas hacia el estómago unas cuantas veces. Pero eso sí, con delicadeza.

Tómala por las manos o deja que te agarre el dedo. Si ya puede mantener la cabeza en alto, levántala delicadamente hasta una posición sentada. Si todavía le tambalea la cabeza, espera un poco antes de hacer esto.

Ayúdale a rodar de lado a lado de la cuna. Dale masaje delicado en las piernas, los brazos y el cuerpo. Le encantará.

Necesita un hogar tranquilo

Además del simple confort, la bebé prefiere un hogar tranquilo. Si los padres pelean mucho, ella lo va a sentir. Va a estar tan molesta como ellos.

Una mamá joven describió su primer mes con el bebé. Vivía con el papá de la criatura y las cosas no andaban bien entre los dos.

El bebé lloraba muchísimo, lo que fue el colmo para la

relación entre sus padres. Kimberly estaba tan cansada por la
atención que le prestaba al pequeño Karl que no tenía tiempo
para Tom. Ella también resentía que él se negaba a ayudarla o
a atender al bebé. Tom, a su vez, se sentía por fuera y por lo
general, descontento. Una noche tuvieron una terrible pelea
más. Kimberly decidió llevarse a Karl a vivir con la mamá de
ella otra vez:

> *Me quedé con Tom dos días más, pero no nos hablábamos.*
> *Karl estuvo irritado todo ese tiempo. De hecho, lloraba*
> *mucho desde el día que salimos del hospital.*
>
> *Tan pronto nos mudamos con mi mamá, Karl empezó a*
> *dormir toda la noche. Ahora es un bebé totalmente diferente.*
> *Ya no llora y llora, ahora nos sonríe. Estoy segura que toda*
> *esa peleadera era difícil para él. Me alegro de que finalmente*
> *tuve el valor para irme.*

Kimberly, 17 – Karl, 2 meses

Lo ideal sería que tanto la mamá como el papá atendieran
al bebé. Es posible que con el tiempo Kimberly y Tom puedan
criarlo juntos – o tal vez no. En este momento, Kimberly
decidió que su relación con Tom no funcionaba para nada.

Cuando los padres se encuentran en una situación difícil,
sólo ellos pueden decidir si la relación es lo mejor para ellos
y para su bebé. A veces hablar con un consejéro matrimonial
o de relaciones puede servir. Si el padre o la madre se niega
a ver al consejero, el otro o la otra puede obtener cierto
entendimiento si va por su cuenta.

Las dificultades de los padres ciertamente pueden afectar a
un bebé. Si tales problemas se pueden solucionar, tanto mejor
para el bebé.

Otros cuidadores

Ciertas madres se quedan en casa con su recién nacido casi
todo el tiempo. Especialmente si está dando de mamar, una
mamá puede optar por quedarse en casa porque es más fácil

y placentero tanto para ella como para su bebé si no salen
mucho o si sale sin la criatura esas primeras semanas.

Pero a los dos meses, tú vas a querer salir, hacer algo por
tu cuenta de vez en cuando. A no ser que tengas una niñera
permanente, tienes que decirle a la niñera dónde están las
cosas del bebé y cómo atender sus necesidades. ¿Le gusta
que lo mezan después de comer? ¿Es difícil que eructe?
¿Lloriquea unos minutos antes de dormirse?

Además, asegúrate de dejar los números de teléfono
apropiados, para el médico, un vecino atento, los bomberos
y la policía. Coloca los números en un lugar donde la niñera
los encuentre fácilmente. Siempre déjale un número donde se
pueda comunicar contigo cuando estás en otro lado.

Algunas madres dejan etiquetas de Medicaid con la niñera
si van a estar fuera largo tiempo.

Cuando dejes a tu hijo/hija con alguien, es importante darle
a esa persona una tarjeta firmada para emergencia/urgencia
médica. Se puede escribir así: *"_____ tiene mi permiso
para obtener la atención médica de emergencia o urgencia
que necesite mi hijo/hija"*. Asegúrate de firmar esa tarjeta.
Generalmente, la atención médica no se puede proporcionar a
un menor sin el peromiso de la madre o del padre.

¿Y la planificación familiar?

*¿Otro bebé? Todavía no, ni mucho. Tal vez cuando yo
pueda ofrecer todo lo que necesita el bebé. Ya es bastante
duro con uno.*

*Dos serían muchísimo más duro. ¡Entonces sí que tendría
problemas para darme una ducha! No me explico cómo lo
hace la gente, cómo atiende a dos.*

Seilay, 16 – Anders, 3 semanas

Las parejas tienen que reflexionar y dialogar sobre futuros
planes familiares. ¿Cuán pronto quieren otro hijo? Muchas
madres jóvenes, tanto casadas como solteras, no quieren otro

bebé enseguida. Desde el punto de vista físico, sus cuerpos necesitan tiempo para recuperarse del embarazo anterior. La lactancia no te va a evitar otro embarazo. Concibes antes del período menstrual. Aunque no hayas tenido la regla después de dar a luz, puedes quedar embarazada.

¿Otro bebé? No tan pronto. Queremos esperar tres o cuatro años. Nosotros nos cuidamos mucho con anticonceptivos porque no queremos tener otro bebé enseguida.

Eso sería duro porque tendríamos que gastar el doble en pañales y todo lo demás. Lo haría todo más duro.

También va a ser más fácil cuando Keegan tenga 3 ó 4 años porque para entonces va a saber más. Ni va a llorar tanto. Hemos decidido esperar.

Randy, 17 – Keegan, 2 meses

Ver el capítulo 15 para más comentarios de padres jóvenes sobre este asunto. Ver también el capítulo 14 de *Tu embarazo y el nacimiento del bebé* para mayor información sobre métodos de planificación familiar.

Los bebés a veces se conciben por accidente. Si no quieres salir embarazada otra vez enseguida, tú y tu pareja tienen que dialogar sobre un plan de prevención. O tienen que abstenerse totalmente del coito o tienen que usar un anticonceptivo *cada vez*.

No quiero el siguiente sino hasta que esté asentada y sepa lo que hago. Va a ser ya bastante duro con un bebé. ¿Por qué voy a querer traer otro bebé al mundo si va a ser tan duro?

Ukari, 17 – Kendall, 4 semanas

Tu proveedora de atención médica va a querer que te examines de cuatro a seis semanas después del parto. Asegúrate de ir a esa cita.

Te va a examinar para ver cómo estás de salud y va a hacer lo posible para que te recuperes bien del embarazo y alumbramiento. Si aún no has hablado con ella sobre control de la natalidad, ésta es una buena oportunidad para hacerlo.

Llamar a WIC

Puede que te sea difícil obtener suficientes de los alimentos apropiados para ti mientras das el pecho. Llama al Public Health Department para información sobre WIC (Special Supplemental Feeding Program for Women, Infants, and Children). A lo mejor puedes conseguir cupones para ciertos alimentos que necesitas. En muchas comunidades, como madre adolescente puedes ser elegible para ayuda de WIC.

WIC también proporciona ayuda para comprar alimentos nutritivos para embarazadas y para fórmula.

Para familias elegibles, el programa de estampillas, sellos o cupones de alimentos ayuda a que el dinero alcance más. Pídele información a tu trabajadora social.

Ya no es recién nacido

Tu recién nacido va a cambiar más rápidamente los primeros cuatros meses que nunca después. Esos primeros meses son un verdadero reto para los padres del bebé. Tu tarea más importante es sencillamente satisfacer sus necesidades lo más posible.

Quiérelo, manténlo confortable, juega con él, háblale *a menudo* y disfrútalo.

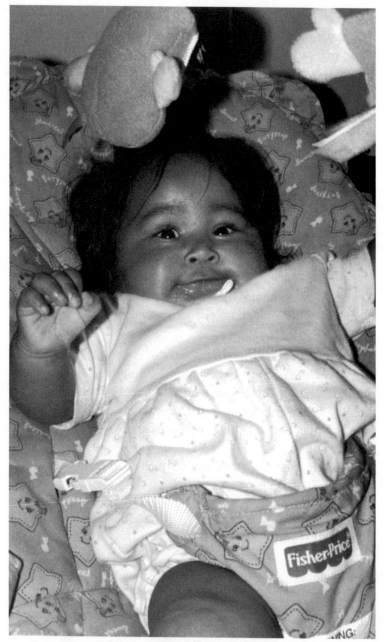

Lista para aprender y con ganas.

3

Desarrollo de la inteligencia del bebé

Yo le leo a Buchanan y le encanta. Me fija la mirada como que entendiera lo que digo. Sé que lo sabe.

Me parece que leerle le va a ayudar en la formación del habla, además es un momento que compartimos. Se queda quietecito y me escucha.

Creo que le gusta el sonido de mi voz. Mira el libro primero y después me mira a mí. Es adorable.

Camelia, 16 – Buchanan, 6 meses

¿Deleites los dos primeros meses? La primera vez que me sonrió, empezó a reconocer mi voz y a agarrarme los dedos.

Kimiko, 17 – Sujahta, 5 meses

Desarrollo del cerebro del bebé

¿Quieres que te bebé sea listo, que aprenda fácilmente?
Gran parte de su capacidad para aprender en el futuro
depende mucho de ti.

Cuando nació tu bebé, el único órgano que no estaba
completamente formado era el cerebro. De hecho, el cerebro
de un recién nacido es la cuarta parte en tamaño del de un
adulto. Pero aunque no esté maduro, su cerebro contiene ya
millones de neurones (células nerviosas). Por cierto que ya
tiene casi todas las células cerebrales que necesita.

La conexión entre los trillones de células la hacen unos
conectores llamados *sinapsis*.

Pero después de nacer tiene que desarrollar muchas otros
conectores/sinapsis especiales. El "alambrado" de su cerebro
lo hacen esas sinapsis. Durante los primeros tres años de vida
se forman trillones de nuevas sinapsis y otras se podan (dejan
de existir).

La verdad es que para los tres años, el cerebro tendrá más
o menos el 90 por ciento del tamaño del cerebro adulto. Es
decir, casi dos terceras partes del cerebro se desarrollan entre
el nacimiento y su tercer cumpleaños.

Ciertas partes del cerebro del bebé no cambian mucho al
nacer. Pero mucho de ese cerebro es "plástico"—lo moldea
su entorno y las experiencias repetidas. La capacidad de una
persona para el aprendizaje y el razonamiento abstractos es
especialmente plástica. Allí es donde los padres pueden hacer
una grandísima contribución.

El cerebro de tu bebé está "alambrado" por sus
experiencias, tanto negativas como positivas. Cuando nace,
sus acciones están controladas por el tronco cerebral, a veces
llamado el "sistema de alarma" del cerebro. Por supuesto que
tu bebé no puede aún razonar o pensar de manera abstracta.
Al principio no puede controlar sus emociones. Es
importante satisfacer sus necesidades básicas y que tenga
mucho contacto de cerca (acariciar, hablar, cantar) contigo.

La parte emocional, o *límbica*, del cerebro se desarrolla más rápidamente el primer año. El córtex o la corteza cerebral, la parte lógica del cerebro, está casi inactiva al nacer, pero está más desarrollada para fines del primer año.

Acudir prontamente

Acudir al llamado del bebé tiene mucho que ver con su habilidad para aprender, relacionarse con otros y manejar sus emociones. ¿Con qué rapidez responde uno a las necesidades del bebé? ¿Puedes determinar que tiene hambre antes de que empiece a llorar fuerte? Ciertos bebés le dicen a su mamá que tienen hambre antes de empezar a llorar. Observa a tu bebé con cuidado. A medida que se compenetran más mutuamente, vas a poder responder con rapidez a sus necesidades.

Cuando tu bebé se da cuenta muy pronto de que puede depender de ti y las otras personas que la cuidan para que atiendan sus necesidades, va a adquirir la importantísima sensación de seguridad. Si se siente segura de que se seguirán atendiendo sus necesidades, puede dedicarse a explorar el resto de su mundo. Puede así permitirle a su cerebro que crezca para que absorba todas esas maravillas. ¡NO te preocupes de que la vas a malcriar esos primeros meses!

Mi abuela teme que la voy a malcriar porque cuando Jenilee llora, yo la cargo. En mi opinión, ella llora por algo; y no puedes malcriar a un recién nacido, así que yo realmente no le hago caso a mi abuela.

Cuando Jenilee llora, la cargo y me la pongo junto al pecho con la cara para donde me pueda oír los latidos del corazón. O si no, camino con ella. Le gusta que camine con ella. O a veces le hablo. Le gusta escuchar mi voz.

Lacey, 16 – Jenilee, 1 mes

Si tu bebé está contento, si oye mucha música y palabras, si recibe muchos abrazos y contacto visual, todo eso realmente le puede cambiar el desarrollo fisiológico del

cerebro. La calidad y la cantidad del alambrado eléctrico
entre las células cerebrales depende de esas acciones con
una persona que lo atienda. Sabemos que a mejor el
alambrado cerebral, mejor será su vida.

Así que el crecimiento más acelerado del cerebro de tu
bebé tiene lugar los tres primeros años. Para los dos años, su
cerebro tiene el doble de sinapsis que las de un adulto. Esta
impetuosidad de crecimiento temprano está completa a los 10
años. Las sinapsis que no se han estimulado se mueren.

Papel de la madre y del padre

Las primeras experiencias de tu bebé tienen un efecto
enorme en el desarrollo de las sinapsis. Tal vez has oído
aquello de "a usarlo o a perderlo". Esto capta perfectamente el
desarrollo del cerebro de tu bebé. Cuando acunas y acaricias
a tu bebé, le estimulas el desarrollo del cerebro. El hablarle,
leerle y cantarle harán posible que se formen más sinapsis.

Los bebés a quienes no se les presta atención, cuyos cuidadores no responden de inmediato a sus necesidades, van a
desarrollar menos de esas sendas de aprendizaje en el cerebro.

Es durante los primeros tres años de tu bebé que estas
conexiones en el cerebro se hacen permanentes. Por las
experiencias alrededor de uno, los cambios en el cerebro
continúan a medida que el individuo madura. Pero, como ya
se ha dicho, los cambios más rápidos ocurren los primeros tres
años de vida de una persona. Todo es nuevo para una criatura,
entonces no es de sorprender que tiene más que aprender
durante este tiempo que en ningún otro momento.

Como madre, eres la diseñadora más importante de las
experiencias de aprendizaje de tu hijo o hija, experiencias que
harán que se desarrollen las sinapsis.

Si quieres mucho a tu bebé y respondes cuando llora
porque necesita que le den de comer, que le den calor, que la
acaricien y tiene que dormir, probablemente le va a ir bien
los primeros seis a ocho meses. Además, es importante leerle,

Leer con mamá y papá le enriquece la vida – y el cerebro.

cantarle, hablarle y jugar con tu bebé. Todo esto va a tener un impacto importantísimo en el desarrollo de su cerebro.

Casi todos los capítulos de este libro se dedican a la interacción con tu bebé. Una y otra vez vas a leer sobre la importancia de hablarle y leerle a tu bebé, así como sobre proporcionarle la atención y el estímulo que necesita.

Este capítulo se ha preparado para ayudarte a entender cómo todas esas cosas le van a ayudar a tu bebé a que se convierta en un individuo sagaz y contento. Aquí se hace énfasis en el desarrollo del cerebro del bebé durante sus primeros meses de vida.

El capítulo 11, "Jugar con tu bebé", incluye muchas sugerencias para experiencias enriquecedoras para tu bebé durante la etapa de sus segundos cuatro meses.

En el capítulo 14, "Disfrutar de/enseñar a tu criatura", el enfoque es en la enseñanza durante los últimos cuatro meses de su primer año.

Éste es un año importante para tu bebé y para el desarrollo de su cerebro.

Los recién nacidos y el poder del tacto

Tu bebé se dio cuenta de tu amor por el tacto. El tacto realmente envía señales al cerebro sobre cómo hacer las conexiones necesarias.

Ciertos estudios han demostrado que cuando a los bebés prematuros se les dan masajes suaves, crecen más rápidamente y son más calmados. El masaje ayuda a que los bebés desarrollen el movimiento más temprano, duerman más profundamente y tengan menos cólico.

Cuando tu bebé estaba en el útero, recibía "masajes" muchas veces cuando tú andabas de un lado a otro. Ese masaje tiene que continuar después del nacimiento. ¡La ciencia nos dice que el tacto es un "nutriente" tan esencial como las vitaminas!

Así que, a acariciar a tu bebé. Cárgalo. Dale masajes suaves en los brazos, las piernas, todo el cuerpo. Un portabebés frontal ("canguro") es bueno para un bebé pequeñito. Ahí puede estar pegadito a mamá o a papá. Estar en un portabebé corriente largo rato no es tan agradable para la criatura. Estar cerca de mamá o papá en esta etapa sirve para la formación de sinapsis.

Me molesta sobremanera ver cuando llevan a un bebé en el portabebé. ¿No lo pueden llevar en brazos? Es tan importante para un bebé que los carguen cuando están chiquititos. Lo entiendo si están dormidos, pero si un bebé está completamente despierto, lo meten ahí y se plantan frente a la TV. No tiene sentido.

Aimee, 17 – Amelia, 10 meses

Un portabebés es conveniente en esta etapa. Si no la tienes en brazos y si no está en la cuna, le permite ver más que cuando está boca arriba en la cuna. Pero no es sustituto para los brazos.

Es posible que tu bebé prefiera estar en un fuerte portabebé de cabestrillo, sobre tu pecho, en vez de algo que lleves de la mano, lejos de tu cuerpo. ¿No te pasaría a ti? Puede estar cerca de ti aunque tú estés haciendo alguna otra cosa con las manos.

Nota: Cuando tu bebé va en auto, por supuesto, tiene que ir en un asientito fuerte, especial para autos, con la cara hacia atrás. Llevarlo en los brazos en un automóvil no le proporciona seguridad.

Hablar con el/la bebé

Alguien tal vez te diga que un recién nacido no reacciona a otra persona. ¡No lo creas! A lo mejor ya has descubierto que tu bebé responde cuando le hablas o le cantas. Desde el día que nace, necesita que le hablen y le canten, además de lo físico como alimento, calor y comodidad.

Al principio me preguntaba, ¿cómo le voy a hablar? A lo mejor ni lo va a saber. Pero cuando mi mamá me dijo que le hablara, porque eso es bueno para ellos, le empecé a hablar.

Adia, 17 – Shareef, 11 meses

En esta etapa temprana, tu bebé todavía no puede formar palabras. Es probable que no diga más de un par de palabras al cumplir un año. Pero mucho antes de esta fecha, se le está desarrollando el sistema auditivo con lo que tú y otros le dicen.

Así, pues, a hablarle a tu bebé desde el día que nace. Dile que la quieres, que te encanta que sea parte de tu familia. Háblale de las personas a su alrededor, del estado del tiempo. Hasta podrías hablarle de lo que estudiaste en la escuela hoy. Recuerda que es el sonido de tu voz lo que le gusta y necesita.

Sólo llora si tiene hambre, o a veces, si no le hablas y se siente solo, te llama a gritos.

Se duerme cuando yo me duermo. Cuando cierro los ojos, arrulla un poquito y enseguida se duerme.

Brooke, 18 – Blair, 3 meses

El contacto visual es importante para ambos. Un recién nacido ve mejor a una distancia de 9 – 12 pies. La hora de comer es un momento propicio para mucho contacto visual. A los dos meses, ya puede responder más si tú abres los ojos bien abiertos y mueves la boca. O si no, mueve la cabeza despacito de lado a lado, o de arriba abajo. Observa si sigue el movimiento con los ojos.

Disfruta y *necesita* que le canten

Es importante que le cantes. Al principio prefiere dulces canciones de cuna. Tu voz, sea o no que "tengas oído", es preciosa para tu bebé.

No te preocupes si crees que tu canto es desafinado. A tu bebé no le importa. Sencillamente, le gusta oír tu voz.

La música suave grabada también es buena para los recién nacidos. La investigación demuestra que no prefieren a ningún compositor en particular. Puedes tocar música clásica, melodías populares suaves, o hasta música "de antaño" de igual clase.

Con el paso de semanas y meses, el bebé responderá más y más a la música. Lo puedes tomar en brazos y moverlo al compás de la música.

A poco vas a bailar con tu bebé.

Desde siempre vas a saber que la música le ayuda a desa-rrollar el cerebro de modo que será capaz de aprender más y ser más capaz cuando adulto. Por ejemplo, los científicos nos dicen que los niños expuestos a la música desde que nacen pueden ser mejores alumnos de matemáticas que los niños que no oían música.

Leerle a tu recién nacido

Hemos repetido docenas de veces en este libro la tremenda importancia de leerle con frecuencia a tu criatura. Empieza a leerle al nacer—o antes:

Cuando estaba embarazada, me ponía audífonos sobre la barriga y le leía y ella daba pataditas.

Shaquala, 17 – Haley, 9 meses

Le leo todas las noches. Empecé cuando tenía dos semanas.

Ahora mira las figuras y si paso la página muy rápido, llora y quiere ver otra figura.

Adia

Leerle a tu criatura tendrá un gran impacto en su vida. Mientras más le leas, más sinapsis se le van a formar en el cerebro.

En cierto momento, a lo mejor querrá que le leas el mismo libro una y otra vez. Escuchar el mismo libro muchas veces le ayuda a entender la conexión entre lo escrito y lo hablado.

Según un estudio, sólo el 50 por ciento de los recién nacidos y los párvulos tienen padres que les leen con regularidad. No leerle significa que una criatura está en riesgo de no aprender debidamente. Hasta podría ser menos capaz y menos inteligente de lo que hubiera podido ser.

La hora de acostarse es momento favorito para la lectura en muchas familias. Con frecuencia, la criatura se duerme más fácilmente después de la lectura.

De paso, existe una fuerte conexión entre las horas que duerme una criatura y el desarrollo de su cerebro. El cerebro necesita un período de sueño profundo para procesar las experiencias del día. Es algo parecido al procesamiento de información en la computadora para descargarlo.

Los niños entre 0 y 12 años cuando no duermen lo suficiente no salen bien en pruebas de funcionamiento, creatividad y razonamiento de alto nivel. Así, pues, a hablarle, cantarle, leerle – y darle ánimo para que duerma bastante. Su cerebro te lo va a agradecer.

Entornos interesantes

Acunar, hablar y cantar a tu bebé es lo primero. A medida que se desarrolla, también necesita un ambiente estimulante. Ya está alerta y lista para aprender. En este momento, te toca a ti hacerle la vida interesante. Durante las primeras semanas, dale algo que mirar cuando se despierta en la cuna. Pronto vas a estar jugando con ella. Le proporcionarás cosas que pueda tocar y sentir, juguetes que hacen ruido, colores vivos para mirar.

A Juan le gusta tocar y mascar las cosas. Distingue diferentes texturas y si una es áspera, no le gusta manosearla. Le gustan su conejito y su perrito de peluche porque son suavecitos.

Ginny, 17 – Juan, 4 meses

De los dos a los seis meses, la parte del cerebro que le ayuda a manejar sus emociones está en desarrollo. Ahora empieza a gustarle estar con otras personas.

Quiere estar donde hay mucha gente. Quiere ser el centro de atracción. Si no le hablo, se enoja. A mí me hace sentir mal que un bebé llore. Si veo a mi hija dando gritos, la tomo en brazos.

Kimiko

Ya se está dando cuenta que sonreír y arrullar, llorar e irritarse, producen una reacción emocional en quienes la cuidan. También se da cuenta de que ella puede controlar un poco sus propias emociones.

Si pones atención a sus reacciones, te vas a dar cuenta de cuando se cansa de una determinada actividad. Si le hablas, o le muestras un juguete, en unos cuantos minutos va a mirar a otro lado. Te puede estar diciendo que no tiene interés en eso en este momento. Es recomendable, entonces, cambiar de actividad. Su poder de concentración es aún demasiado corto.

Nuevas experiencias

Cuando estás aburrida, ¿crees que aprendes mucho? Probablemente no. Los bebés tampoco aprenden cuando están aburridos. Hasta un recién nacido puede reconocer un cambio de panorama, aunque sea ir de un lado de la habitación a otra. Si no, se puede dar un paseíto afuera, si las condiciones del tiempo lo permiten. Si lo tienes, camina por el patio de tu casa unos minutos.

Le encanta salir a jugar. Cuando tenía uno o dos meses yo siempre la llevaba a caminar. Ahora le encanta estar afuera.

Adia

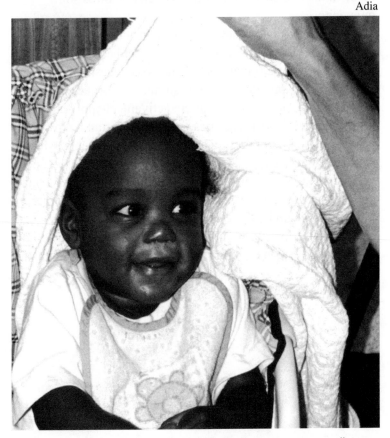

Le encanta jugar a las "hurtadillas" o "te veo y no me ves".

Juega a "las hurtadillas" o "te veo y no me ves" con tu
bebé una y otra vez. A veces puedes "desaparecer" detrás de la
mantita y otras veces, él debe ser quien se esconde. Le encantará el juego. Con el tiempo, puede entender que cuando tú
"desapareces" vas a volver. Esto puede servir para cuando lo
dejas un rato al cuidado de otra persona.

Todo bebé es sin par

Si has visto de cerca a algunos bebés, sabes lo diferentes
que son los unos de los otros. Se desarrollan a distintos pasos
de distintas maneras. Unos son muy activos, otros son
quietecitos.

Muchas veces, los padres y otros consideran que el bebé
tranquilo es el "bueno". Lo cierto es que el bebé tranquilo
puede necesitar de ti más que uno activo. Necesita más
estímulo para aprender acerca de su mundo porque,
posiblemente, no va a explorar tan activamente por su cuenta.

Estar "en/a riesgo" significa que el comportamiento/
aprendizaje deseado no va a ocurrir automáticamente. Mucho
de lo que aprende en esta etapa ocurre porque copia lo que
ve en ti. A no ser que le ayudes, no va a habler tan bien como
podría hacerlo. A no ser que le guíes para aprender a llevarse
bien con los demás, su desarrollo social no va a ser lo mejor
que podría serlo. Tu respuesta a sus necesidades de hoy tendrá
mucho que ver con el desarrollo de su cerebro y de la persona
adulta.

¡Tienes una espléndida responsabilidad!

Segunda parte
La salud
y la familia

La salud de tu bebé depende en gran medida de ti, su madre. Eres responsable por hacer y asistir a las citas para los chequeos regulares y para programar sus inmunizaciones. Eres tú quien tiene que cuidarlo cuando se enferma y llamar al proveedor de atención médica en caso necesario.

En el siguiente capítulo vas a encontrar sugerencias para que tu bebé se mantenga saludable y para atenderlo cuando se enferma.

Las familias son importantes para los bebés. ¿Participa el papá? El capítulo 5 es especialmente para él. ¿O estás tú, la madre, criando sola a la criatura? Puedes encontrar guía en el capítulo 6.

Casi todos tenemos familias extensas. Especialmente si vives con tus padres o los de tu pareja, te va a interesar el capítulo 7, "Tres generaciones bajo el mismo techo".

*Los brazos de mamá reconfortan
cuando no se siente bien.*

4

Atención médica para tu bebé

Dante está resfriado ahorita. A mí me da miedo porque la última vez que se enfermó le dio el virus estomacal. Le tuvimos que dar líquidos claritos y Pedyalite. Eso fue duro.

Cuando se enferma, te das cuenta enseguida porque se le ve la debilidad en los ojitos. Ahora que está resfriado, tiene mocos y los ojos débiles, pero sigue sonriendo.

Shantika, 17 – Dante, 5 meses

Donovan es enfermizo. Cuando estaba chiquitito, de dos meses, le dio pulmonía y estuvo en el hospital dos semanas.

Belia, 17 – Donovan, 2

Los proveedores de atención médica

Quien atiende a tu bebé puede ser médico, enfermera prácticante o de cabecera, asistente de médico, u otro especialista. En este libro, se usa "médico" y "proveedor de atención médica o sanitaria" para hablar de uno estos profesionales.

Tal vez llevaste a tu bebé a su proveedor de atención médica a las dos semanas, tal vez antes. Tienes que continuar los chequeos periódicos durante los dos años siguientes.

Cada vez, antes de ir a la cita, haz una lista con todas las preguntas que quieras hacer. Si la médica tiene prisa, dile simplemente: "Tengo estas preguntas y necesito su ayuda". Entonces describe brevemente lo que te preocupa. La médica va a tomarse el tiempo para aconsejarte. Si no lo hace, tal vez deberías buscar otro médico que conteste tus preguntas.

¿Sabes cómo se llaman los que trabajan en el consultorio médico? Es buena idea aprender el nombre de la recepcionista y la enfermera. Si les hablas por nombre en el teléfono, es probable que te contesten más amigablemente.

¿Has empezado un cuaderno de salud para tu bebé? Es importante que lo hagas y lo mantengas al día. Si estás en un plan de salud dirigido o administrado, a lo mejor ves a un médico distinto cada vez que vas. Por medio del cuaderno te podrás comunicar mejor con el médico, quien probablemente reaccionará de manera muy positiva porque verá que eres una madre joven muy capaz. Eso es mejor tanto para ti como para tu bebé.

En tu cuaderno de salud apunta el peso y el largo del bebé al nacer y sigue midiendo y pesando a la criatura todos los meses durante el primer año. Si sabes el tipo de sangre del bebé, apúntalo.

Es importantísimo que lleves el récord de las inmunizaciones de tu bebé. Este récord se requiere cuando el niño/la niña va a entrar en la escuela.

Lleva cuenta también de las enfermedades de tu criatura. Anota la fecha y describe brevemente los síntomas. Esto servirá muchísimo para darle la información al proveedor de atención médica.

Tú eres la administradora de caso para las necesidades médicas de tu hijo/a. Mantén el cuaderno en un lugar seguro donde siempre puedas encontrarlo. Llévalo cada vez que vayas a las citas médicas.

Si tu bebé nació antes de tiempo o si tiene necesidades especiales, favor de leer el capítulo 9, *Tu embarazo y el nacimiento del bebé*. Ese capítulo contiene información adicional sobre asuntos de salud.

Los bebés y el cólico

A Shareef le daba cólico y yo no sabía qué le pasaba. La llevaba a urgencia cada dos días, hasta que el pediatra me dijo que probablemente era cólico. Se pasaba la noche llorando y estaba yo sola para atenderla. Era bien difícil levantarme para ir a la escuela.

Adia, 17 – Shareef, 11 meses

¿Qué es cólico? Nadie sabe qué lo causa. Los síntomas incluyen llanto y gritos intensos, especialmente de noche. El bebé puede llorar dos horas o más. Nadie puede hacer nada que le sirva más de unos cuantos minutos.

Parece que a uno de cada cinco bebés, más o menos, le da cólico. A las dos o tres semanas, el bebé empieza a llorar sin motivo aparente. Pareciera como que tiene dolor de estómago y ataques de llanto casi todas las noches. La cara se le puede enrojecer de repente; fruncirá el seño, encogerá las piernas y gritará a todo pulmón. Cuando lo tomas en brazos para consolarlo, sigue gritando, tal vez de 15 a 20 minutos. Cuando parece como que se va a dormir, puede empezar a gritar otra vez. Le pueden salir gases.

Nadie sabe por qué da cólico. No da por algo que hiciste mal o no hiciste. Por lo general, da a la misma hora todos los días. Durante el resto del día ese mismo bebé probablemente

va a estar contento y alerta, va a tener buen apetito y va
a engordar.

Si consideras que tu bebé tiene cólico, consulta con el
proveedor de atención médica. ¿Alguna otra cosa anda mal?
Si no, asegúrate de que no tiene hambre, ni frío ni calor, ni
que esté mojado, ni sienta soledad.

Si tu bebé es propenso al cólico, haz lo posible por
cal-marlo y no volverte loca. Cuando le dé el ataque de cólico,
colócalo boca abajo sobre tus rodillas para calmarlo. A veces
es bueno un baño con agua tibia. También existen
medicamentos que le pueden servir. Consulta con el médico.

Si tu pareja, la abuela, o una amiga pueden turnarse para
cargarlo y acariciarlo durante esos ratos de llanto, ni lo
pienses dos veces, que lo hagan.

Lo bueno es que al bebé se le quitará el cólico como a los
tres meses. Mientras tanto, la convivencia con tu bebé será
difícil. Consuélalo lo más que puedas y piensa en el momento
en que ya no le va a dar.

*Cuando Lance era bebé, siempre había que cargarlo. Le
daba cólico y caminábamos mucho con él. Entonces, de la
noche a la mañana, como a los cuatro meses, cambió y fue el
mejor bebecito. Estaba contento y no lloraba mucho.
¡Qué cambio!*

                                    Celia, 20 – Lance 18 meses; Laurel, 4 años

Sarpullido, chincual o escoceduras

*A Kendall le dio sarpullido [escoceduras, chincual] la
primera semana. Usamos polvo de almidón de maíz y se le
quitó rapidito.*

                                    Ukari, 17 – Kendall, 4 semanas

Por supuesto que hay que evitar el sarpullido, chincual o
las escoceduras lo más posible. Durante varios meses, tienes
que cambiarle el pañal antes de darle el pecho. También tienes
que cambiárselo cuando se ensucia.

Nota: Los pañales desechables absorben bien los orines. Esto puede causar un problema. Si el pañal no se siente mojado y no lo cambias, los orines que ha absorbido el pañal pueden irritarle la piel al bebé. ¡Cámbiaselo con regularidad!

La piel de tu bebé puede ser más sensible a ciertas marcas de pañales desechables. Empieza con los más baratos. A veces las marcas más caras pueden irritar más. Puede que sea alérgico a alguna de las sustancias que se ponen en los pañales para que tengan buen olor.

Cuando tu bebé ya duerma toda la noche, ponle dos pañales. Hasta podrías ponerle tres si se orina tanto que la ropa y la cuna van a amanecer empapados. Tal vez es mejor usar pañal de tela con pañal desechable.

Cada vez que le cambies el pañal, lávala con agua o toallitas húmedas. La principal causa de esas escoceduras, sarpullido o chincual es el amoníaco de los orines en contacto con el aire. Si le da una erupción, es aún más importante lavarla muy bien cada vez que le cambies el pañal.

Si tu bebé es niña, límpiala siempre del frente hacia atrás para evitar que le entren gérmenes en la vagina. Si es niño, límpiale alrededor del pene y de los órganos genitales. Si no está circunciso, no trates de enrollarle el prepucio para limpiarlo. El prepucio tarda muchos años para estar lo suficientemente suelto para enrollarlo y limpiar por debajo. Limpia sólo las áreas al descubierto.

Si quieres, puedes ponerle polvo de almidón de maíz o de bebé en el traserito cuando le quitas el pañal mojado, pero no es necesario. Si usas polvo de bebé, no se lo rocíes directamente. Échate un poquito en la mano y pásasela encima al bebé. El polvo de bebé rociado en el aire puede hacerle daño a los pulmones de tu bebé.

Pregúntale al proveedor de atención médica sobre remedios, con receta y sin ella, para el chincual. Los hay en polvo y en ungüento. De día, el polvo es mejor porque cada vez que le cambias el pañal lo puedes lavar sin irritarle el sarpullido.

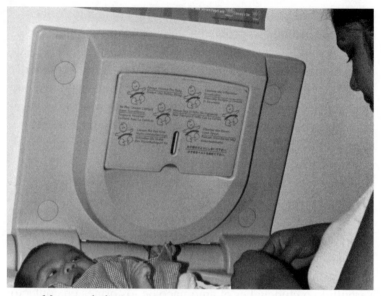

Mautenerla limpia y seca es importante para su bienestar.

Pero de noche, cuando duerme más tiempo, usa ungüento porque le dará más protección.

Si las escoceduras son fuertes, déjala sin pañal lo más posible. El aire ayuda a que se quiten pronto. Si tiene calor, la puedes poner a dormir la siesta sin pañal. Por supuesto que se pone una colchoneta impermeable por debajo y se protege la cama con una sabanilla impermeable.

Repitamos, es más fácil prevenir el chincual que curarlo. Para el bienestar de la bebé – y tu propia paz mental – cámbiale el pañal a menudo. Y límpiala muy bien cada vez que se lo cambias.

Ciertas erupciones resultan por antibióticos que toma el bebé. Dile esto a tu proveedor de atención médica, que a lo mejor te recomienda una crema especial para eso.

¡A inmunizar!

Puede ser que tu bebé se enferme de vez en cuando. Le puede dar resfríos, fiebres y otras afecciones. A veces puedes necesitar la ayuda del médico, pero estas enfermedades no son de preocuparse enormemente. El bebé se incomoda unos días porque se siente mal, pero, por lo general, pronto todo va a ser normal.

Otras enfermedades de la niñez pueden ser muy serias. Lo bueno es que las puedes evitar casi todas. Está en tus manos. Tu proveedor de atención médica puede inmunizar a tu criatura contra polio, paperas, tos ferina o convulsiva y sarampión o alfombrilla.

Esto es lo que necesita tu bebé:

• **Hepatitis B** – requiere una serie de tres inyecciones. Por lo general, la primera se la ponen cuando el bebé tiene un día de nacido, la segunda al mes o a los dos meses y la última a los seis meses. Es imprescindible que le pongan las tres.

• **Pneumoccal** (en inglés) – Neumocócico – previene un tipo de pulmonía común entre los recién nacidos. Se pone a los dos, cuatro y seis meses.

• **Diphteria, Tetanus, Pertussis** (DTaP en inglés) –– Difteria, tétano y tos ferina o convulsiva – también requieren una serie de tres a los dos, cuatro y seis meses con un refuerzo (Td) en inglés) entre los 15 y 18 meses.

• **H. influenzae, tipo b** (Hib en inglés) – Influenza, gripe o trancazo – es otra serie de tres. A menudo se da en la misma inyección que la difteria (DTap) y entonces se le llama HDTap.)

• **Polio** (IPV en inglés) es un líquido rojo que se toma o se inyecta a los dos y a los cuatro meses. Una tercera dosis se da o se pone entre los seis y los 18 meses.

• **Measles, mumps and rubella (MMR)** – se pone una vez entre los 12 – 15 meses, para sarampión o alfombrilla, paperas y rubéola.

• **Varicella** (chickenpox en inglés) se pone una vez, entre los 12 – 15 meses para la varicela.

• **Rotavirus** (Rv en inglés) es una nueva vacuna para prevención de diarreas. Se pone a los dos, cuatro y seis meses.

• Una prueba cutánea para **tuberculosis** se hace generalmente entre los 12 – 15 meses, a menudo al mismo tiempo que se pone la de MMR.

Horario típico para inmunizaciones

Al nacer: Hepatitis B

1 semana: Pneumoccal

2 meses: HDTaP; hepatitis B; Rotavirus (Rv); polio

4 meses: HDTaP; Rv; polio

6 meses: HDTaP; hepatitis B; Rv; polio (puede ser más tarde, hasta los 18 meses)

12 – 15 meses: MMR; varicella; prueba cutánea de TB

A ti no te gustan las inyecciones. Al bebé tampoco le gustan. Entonces, ¿son necesarias todas esas inmunizaciones? ¡Absolutamente!

Cada una de esas enfermedades le puede causar la muerte o una enfermedad muy seria a los niños. ¡No pongas a riesgo a tu bebé!

Mantener un récord de todas las inmunizaciones es esencial. Mantenlo en el cuaderno de salud de tu criatura. Lo necesitarás cuando vaya a la guardería o al jardín de la infancia. Ciertos padres mantienen una copia de las inmunizaciones en la bolsa de pañales para tenerla siempre a mano.

El departamento de salubridad por lo general ofrece inmunizaciones para bebés de manera gratuita. A veces también las proporciona en un parque o escuela de la localidad. Si no sabes dónde llevar a tu bebé para sus inyecciones, pídele una recomendación a la enfermera de la escuela.

Reacción a las inyecciones

Cuando a Nick le pusieron las vacunas, le dio fiebre—eso
le molestó mucho. Se despertó a medianoche con fiebre y le di
Tylenol. Eso le sirvió.

Theresa, 16 – Nick, 6 meses

Casi todos los bebés tienen alguna reacción a las vacunas.
Por lo general, la reacción dura sólo un día, o hasta dos, y
casi siempre es leve. Para aliviar los síntomas, se le puede dar
un analgésico sin aspirina, como Tylenol o Pediacare. Ver la
página 71 para sugerencias sobre la atención a una
criatura febril.

Claro que si tu bebé tiene una reacción severa a las
vacunas (fiebre alta por más de doce horas u otros síntomas
severos), debes llamar al médico.

Repetimos, debes mantener un récord de las inmunizaciones de tu bebé. Vas a necesitarlo para matricular a tu niño/a en
la escuela.

¿Llamar al médico?

Si tu bebé tiene fiebre o parece enfermo, por lo general
debes llamar al proveedor de atención médica. Lo mejor es
tomarle la temperatura al bebé, bajo el brazo y no metiéndole
ese palito en el recto. Un termómetro desechable o uno digital
es el mejor para tomar la temperatura de forma axilar. Los
aparatos se encuentran en farmacias o boticas. Si no tienes
esta clase de termómetro, puedes usar uno de cristal o vidrio.
Si la temperatura le sube a 101° ó más, entonces hay que
llamar al proveedor de atención médica.

También debes llamar al médico si le da una erupción así
de repente por causa desconocida.

Si escupe de vez en cuando durante los dos primeros
meses, probablemente no hay que preocuparse. Esto es
gene-ralmente una combinación de cuajos de leche digerida
parcialmente combinada con fluido acuoso. Los bebés hacen

esto porque todavía el sistema digestivo no está completamente maduro. Esta situación se presenta más a menudo con bebés nacidos antes de tiempo o sea, prematuros.

Dale de comer con frecuencia y con mucho cariño cada vez que lo haces. Probablemente va a escupir menos veces. Pero si después de comer el/la bebé de repente vomita casi toda la comida, tienes que llamar al proveedor de atención médica inmediatamente.

Si tienes que llamar, anota todo lo que está pasando para poder explicar los síntomas correctamente:

- ¿Está tosiendo? ¿Cuánto tiempo?
- ¿Ha perdido el apetito?
- ¿Tiene diarrea?
- ¿Cuánto tiene de temperatura?
- ¿Ha estado cerca de alguien que esté enfermo? ¿Le han puesto todas las vacunas o inmunizaciones necesarias que debería tener en este momento?

Si el proveedor de atención médica le receta algún medicamento, ten cuidado de preguntarle si le debes dar todo lo que hay en el frasco o si debes dárselo sólo un cierto número de días. Casi todos los antibióticos (penicilina, ampicilina, ilisona) se tienen que usar hasta que se terminan. Pero los descongentionantes como Pediacare y Dimetapp se usan sólo cuando los síntomas de la congestión desaparecen, por ejemplo, cuando ya no tiene la nariz trancada ni le gotea.

Si tiene diarrea

La diarrea puede ser un problema muy serio para un bebé. La condición no se diagnostica porque obra "demasiadas veces" al día sino por la consistencia de las evacuaciones.

Si lo que bota es ralo, aguado y apestoso, probablemente se trata de diarrea. Si la condición existe hasta doce horas, hay que llamar al proveedor de atención médica. Un bebé con diarrea puede perder una cantidad de fluido que resulta peligrosa.

Para la diarrea, dale a tu bebé líquidos claros y nada más durante 24 horas. Éstos deben incluir Pedialyte (líquido que se compra sin receta en farmacias o supermercados) o Pediapops, agua clara o agua mezclada con jugo de manzana (una cucharadita de jugo por cada 8 onzas de agua). No le des alimento sólido alguno y dale todo el líquido que acepte tomar.

¿Hernia? Consulta con el médico

Si le notas una protuberancia alrededor del ombligo o entre la pierna y la barriga, consulta con el proveedor de atención médica. Tu criatura puede tener una hernia.

Lo más probable es que ese bulto se note después que haya llorado o se haya esforzado por evacuar. A veces puede desaparecer solo, pero de cuando en cuando requiere una operación sencilla. Si tu médico recomienda cirugía, por lo general ésta se hace cuando la criatura tiene dos años.

Cómo enfrentar la fiebre

Si tu bebé tiene fiebre de 101° o más, no lo ignores. La fiebre es una de las primeras señas de una enfermedad. Si el médico lo aprueba, le puedes dar Tylenol u otro analgésico que no contenga aspirina.

A veces se le puede bajar la temperatura con un baño refrescante. Si tirita es porque el agua está muy fría. Una buena manera de hacerlo es meter una toalla en agua tibia, luego forrar a la criatura en la toalla mojada. Esto le bajará la temperatura y le hará tiritar menos.

Usa agua tibia, pero alcohol no. (Una o dos generaciones atrás, se acostumbraba bañar a un bebé afiebrado en alcohol. Esto no es bueno porque respirar los vapores del alcohol puede ser peligroso para una criatura.)

Dale a tu bebé más líquidos cuando tiene fiebre. Si la causa de la fiebre es dolor de garganta, a lo mejor no va a querer chupar. Una buena manera de hacerle tomar el líquido es con paletas como Pediapops o regulares. Si se le parte un

pedacito en la boca, se derrite enseguida y va a poder tragar.
Este poquito de azúcar no le va a hacer daño.

Las paletas también son buenas para los bebés y párvulos
si tienen muchas náuseas y vómito. Chupar una paleta puede
servir. Puedes congelar jugos de frutas para hacer tus propias
paletas si no quieres usar las muy dulces. Además de que
la frescura le hace sentir mejor, las paletas caseras son
nutritivas.

¿Infección de oído? Llama al médico

*Jonita tuvo una infección de oído que le empeoró la
congestión. Sí, yo le recostaba la mamila. Probablemente, mi
mamá todavía lo hace.*

                                        Ellen, 17 – Jonita, 6 meses

Si tu bebé está incómodo y se tira de las orejas, puede que
tenga una infección de oído. Cuando sucede esto, llama inmediatamente a tu proveedor de atención médica. Un analgésico
sin aspirina puede quitarle algo del dolor y la fiebre, pero no
mata los gérmenes que causan la infección. Una infección de
oído sin tratar puede resultar en pérdida auditiva para tu bebé.

Pregúntale al proveedor de atención médica qué debes
hacer si le da una infección de oído a tu bebé. Puede que
quiera ver a la criatura inmediatamente. O puede que
recomiende ciertos descongestionantes. Haz lo que te
recomiende, pero no ignores esta dolencia.

Repitamos, muchas infecciones de oído son resultado de
recostar o apuntalar biberones/mamaderas/mamilas. ¡Y eso es
algo que tú puedes controlar!

Los resfriados son comunes

*A Sujatha le dio un fuerte resfriado a los cuatro meses. To-
sía mucho, como si se ahogara. Cuando mamaba, a veces se
ahogaba porque el aire no le salía por la nariz que le goteaba. La llevé al médico pero no sirvió de nada. Al fin mi mamá*

le dio té de ajo y se le quitó la tos y el goteo de la nariz.

Kimiko, 17 – Sujatha, 5 meses

A tu bebé tal vez le darán unos cuantos resfriados durante los dos primeros años.

Son más contagiosos el primer par de días. Esto puede ser antes de que la persona infectada sepa que lo está, de modo que es imposible proteger a una criatura totalmente para que no se resfríe.

En *Crianza del recién nacido*, verás en el diario de Marlene una relación del primer resfriado que le dio a Evan, a los tres meses. Fue una semana atroz para Marlene y para Evan.

Nadie, ni siquiera el médico, puede "curar" el resfriado de tu bebé porque no hay cura para el resfriado. A ti te toca ayudar a tu bebé a que tenga la mayor comodidad posible. Si tiene fiebre o dolor de cabeza, el Tylenol puede servirle.

Si la nariz le gotea o la tiene tupida, límpiasela de la secreción con solución salina normal y una jeringuilla de caucho/hule/goma. La solución salina se vende sin receta en las farmacias o boticas. A lo mejor en el hospital te dieron una jeringuilla para este efecto.

Un descongestionante también le puede dar alivio. Si le duele la nariz, una crema o un ungüento en el área le puede calmar.

Si tiene tos, el médico podría recomendar un expectorante. Si tiene la nariz tupida, un vaporizador de agua fría puede ayudar a que respire mejor. Los anticuados vaporizadores de vapor son peligrosos y no funcionan tan bien.

Si no quiere comer, no te preocupes. Cuando se sienta mejor querrá comer. Trata de que tome jugo, agua, sopitas claras o caldos, hasta un poquito de té suave.

La frecuencia con que tu bebé se resfríe va a depender de dos cosas: el número de personas resfriadas con quienes esté en contacto y su propia resistencia.

Si por lo general tiene buena salud, come alimentos

nutritivos y no comida chatarra o basura y descansa bastante,
probablemente se enferme menos.

Puede ser alergia

*Makalah se enfermaba con relativa frecuencia desde que
nació. Ahora mismo acaba de quitársele un resfriado. Son
resfriados leves o tal vez alergias. Estornuda mucho y los ojos
se le aguan. Lloriquea mucho cuando está enferma.*

Nykesha, 16 – Makalah, 9 meses

La nariz tupida puede ser a causa de alergia. Por lo general,
las alergias son por reacciones a alimentos, plantas, animales
o contaminantes. Una gran proporción de alergias entre niños
menores de dos años pueden ser por alimentos. Los médicos
generalmente recomiendan cambios de dieta para bebés con
esos síntomas.

Si una madre fuma durante el embarazo, su bebé correrá
más riesgo de tener asma y otras alergias. Cuando un recién
nacido o un niño pequeño respira humo de segunda mano, el
efecto puede ser el mismo. Un hogar sin humo es un enorme
regalo para tu bebé. No tener que respirar humo significa que
va a tener menos enfermedades y problemas respiratorios.

*Cuando camino por la calle y siento olor de humo, sé que
no me gustaría que mi bebé oliera eso.*

Shaquala, 17 – Haley, 9 meses

Si tu bebé tiene alergias, éstas podrían desaparecer con el
tiempo, cuando se ajusta mejor a la vida afuera. Por eso es que
muchos médicos no dan pruebas fuertes para la alergia a una
criatura sino hasta que esté, más o menos, de edad escolar.

Cuidado – niño enfermo

*Makalah se incomodaba mucho cuando tenía conjuntivitis.
El médico me dijo que le pusiera gotas cinco días, aunque los*

ojos se le aclarearan antes.

Nykesha

Si a tu bebé le da conjuntivitis (llamada comúnmente en inglés "pink eye" o sea, ojo color rosado) o impétigo (una infección cutánea), no debe estar cerca de otros niños. Debes tener la misma precaución el primer día, o hasta dos días, de resfriado.

Si conoces a alguien cuyo bebé sufre de una de esas dos condiciones, mantén al tuyo lejos del de ella. Claro está que cuando esté en el vecindario, jugando con sus amiguitos, va a pescar una que otra enfermedad porque tú no puedes controlar a los vecinos. Por lo general, estas enfermedades no son serias, pero sí pueden ser una molestia para ti y para tu criatura, de modo que debes evitarlas si se puede.

Uno de los retos de ser madre o padre es mantener a una criatura lo más saludable posible. Tienes que preocuparte por que su dieta sea saludable y por que duerma lo suficiente. Cuida de que tenga buena atención física, además de interminable cariño.

Si se enferma, consulta con el proveedor de atención médica y sigue las instrucciones al pie de la letra. Haz lo más que puedas por que se sienta tan confortable como sea posible. Pronto volverá a la normalidad, alegre y activa.

Papá es muy especial
para él.

5

Sólo para papá

- Especialmente para papás
- Compartir la atención al recién nacido
- ¿Quién se levanta?
- Si no resides con tu bebé
- ¿Qué sienten los padres de la mamá?
- ¿Matrimonio?
- Un nuevo bebé dificulta las relaciones
- Hacer tiempo para la pareja
- Puede haber problemas económicos
- La escuela es importante

Me asusté mucho cuando me dijo que estaba embarazada. Yo estaba trabajando, pero no sabía cómo iba a mantenerlos a ella y al bebé. No tenía suficiente para mantenerme a mí mismo. También me emocioné mucho. Estaba contento pero también asustado.

Katlia también estaba asustada. En eso estábamos juntos.

Yo estaba seguro de que todo iba a ser diferente. Nada vol-vería a ser igual. Sentía como que iba a perder la libertad. Ya no podía ir y venir a mi antojo, pero quería que mi hija tuviera un padre.

Raul, 19 – Elena, 23 meses

*La primera vez que le tuve que cambiar el pañal fue una
experiencia que nunca olvidaré. Yo jamás había cambiado un
pañal. Lo sentía raro porque yo nunca antes había tenido que
atender a nadie, algo tan pequeñito y mío. Antes ni siquiera
me preocupaba por mí y ahora tenía que ponerle mucha
atención a él.*

Andy, 17 – Gus, 5 meses (Yolanda, 15)

*Compartimos las comidas de madrugada. Por suerte que
Dustin empezó a dormir toda la noche bastante pronto. Lo
hacíamos juntos. No me parece justo que yo dijera que no me
iba a levantar, que no le iba a dar su biberón. Compartimos
la responsabilidad de traerlo al mundo. Tiene que ser mitad
y mitad.*

Mark, 22 – Dustin, 2 1/2

Especialmente para papás

Muchas adolescentes crían a sus hijos solas. Este libro se
ha escrito para ellas, pero también para:

• parejas jóvenes que comparten la crianza de sus hijos.

• papás jóvenes que participan en la crianza o a quienes les
gustaría hacerlo, sea que estén o no estén "con" la madre de su
criatura.

• papás jóvenes que están criando solos.

Aunque casi todos los capítulos de este libro son para
madres y padres adolescentes, este capítulo es especialmente
para los padres. El capítulo 6 enfoca las necesidades
especiales de la madres solteras.

Si eres padre adolescente (o mayor) y estás leyendo este
libro, obviamente no correspondes al estereotipo del padre
adolescente que impregna a su novia y luego no se responsabi-
liza por su familia. Ya sea que estés casado, que vivas con la
mamá del bebé, o que no vivas con ella, probablemente tienes
un papel importane en la crianza de tu hijo o hija.

¿Has establecido la paternidad? Si tú y la mamá no están
casados, es importante que establezcas la paternidad ante la

ley. Si no, la criatura probablemente no podrá cobrar beneficios de Seguro Social y otros seguros, de veteranos y otros, por parte tuya.

Como debes saber, tu hijo o hija te necesita. Necesita tu cariño y atención y ayuda económica. Ante la ley, tanto tú como la madre tienen la obligación de mantener a la criatura.

Compartir la atención al recién nacido

Mario le da de comer a Carol, le cambia los pañales y juega con ella. Anoche hasta se levantó para darle de comer. La puso en la cuna y ella empezó a llorar. Entonces él la tomó en brazos y la acostó junto a él y ella se durmió. Me alegro de que ella sea así, que está apegada a su papá.

Mario quería ir a pescar la otra noche. Yo le dije que si hacía frío, la bebé y yo nos íbamos a quedar en casa. Él salió y determinó que hacía calorcito, así que nos fuimos al lago. Agarró un pescado grande y se lo enseñó a la pequeña Carol.

Que la bebé se apegue a su papá. Eso es realmente placentero.

Kristyn, 17 – Carol, 3 meses

Tanto tú como tu bebé van a "ganar" si participas activamente en su atención. Puede ser una relación especialmente estrecha para los dos.

El juego entre papá y bebé tiende a ser bastante activo y, por lo general, incluye mucha conversación. Puede ser verdaderamente emocionante para el bebé. Al igual que la actividad, le gustará la voz más profunda de su papá. Aun a edad muy temprana, la conversación entre papá y bebé puede ocurrir muy fácilmente. El papá dice palabras y el bebé responde con distintos sonidos y expresiones faciales.

En ciertas familias, los bebés buscan a la mamá para confort y cariño y al papá para entretenimiento y diversión. Tanto la madre como el padre tienen un papel especial para con el bebé.

¿Quién se levanta?

*¿Darle de comer a media noche? ¿Cambiarle los pañales?
Traté de ayudarla pero creo que no me caía eso bien por el
trabajo. Me levantaba un poco malhumorado a las 3 de la
mañana. Era mucho estrés aunque Elena era una bebé buena.
Después, su mami se levantaba más por la madrugada.*

*El primer mes Elena dormía casi siempre, pero cuando
se despertaba no se quería volver a dormir. A mí también me
costaba volverme a dormir. Me levantaba temprano para ir al
trabajo y estaba agotado. Poco a poco, empezó a dormir toda
la noche.*

*Los fines de semana trataba de pasar todo el tiempo
posible con Elena, pero yo tenía que trabajar bastantes horas
extra para que tuviéramos el dinero. Recuerdo haber trabajado catorce horas un día, y no por mi gusto. Tenía que hacerlo.
No podía perder un día. Aún el día que nació Elena, a las 5 de
la mañana, después que nació me fui a trabajar.*

Raul

A papá le toca levantarse esta noche para atender al bebé.

Si tú trabajas y la mamá se queda en casa con el bebé, podrías convenir con la mamá en qué va a hacer ella y qué vas a hacer tú, con ella encargada de la atención al bebé la mayor parte del tiempo. Aún así, con un bebecito en casa, que se despierta y llora gran parte de la noche, es difícil que la mamá descanse lo suficiente y que tú duermas lo suficiente para estar alerta en tu trabajo al día siguiente.

Pero muchos padres y madres adolescentes no tienen el lujo de que uno se quede en casa todo el tiempo con el bebé. Tanto la mamá como el papá podrían estar en la escuela y a lo mejor ambos también trabajan. Esperar que sólo la mamá atienda al bebé no es muy sensato. Atender a un bebé toma mucha energía. Si compartes el trabajo, es probable que también compartas los placeres de la crianza.

Rene y Greg no vivían bajo el mismo techo cuando nació Vanessa. Greg tenía 19 años y parecía contento con el embarazo.

Trabajó a tiempo parcial el primer año y Rene siguió viviendo en casa de su mamá. Como no vivía con su niña, no participaba mucho en la atención a la bebé. Cuando Vanessa tenía nueve meses, Rene se fue a vivir con Greg. Ahora tienen un segundo bebé y Rene indica que Greg ahora participa mucho más:

Durante la semana yo me levanto porque Greg tiene que levantarse temprano por la mañana, pero los fines de semana, él es quien se levanta a media noche.

Esto fue lo que acordamos antes del nacimiento de Shavone.

Cuando Vanessa nació no vivíamos juntos y Greg se quejaba de que él se estaba perdiendo mucho.

Dialogamos sobre eso cuando quedé embarazada otra vez – sobre las cosas que haría él y las que haría yo. Las cosas están funcionando bien.

Rene, 18 – Vanessa, 19 meses; Shavone, 1 mes

Si no resides con tu bebé

Tal vez tú y la mamá de tu bebé tienen buenas relaciones
pero no residen en la misma casa. Aun si no vives con la
mamá, puede que atiendas a tu bebé lo más posible.

Si tú y la mamá no están casados, ¿cuánto "deberías"
compartir? Si viven juntos, posiblemente sienten lo mismo
que una pareja casada en cuanto a la crianza compartida. Si no
viven juntos, no existe ningún modelo listo para seguir. Pero
aun así, puedes tener un papel importante en la vida de
tu bebé.

Shaun asistía a la universidad en otro lugar de lunes a
jueves los primeros meses de nacido su bebé. Pasaba los fines
de semana en casa de sus padres de él, como a tres millas de
Beth Ann, que vivía con sus padres de ella. Troy no dormía
mucho los primeros dos meses y Beth Ann, 17, estaba
agotada. Shaun decidió que podía ayudar:

*Yo estoy muy comprometido con Troy. Me lo llevo a pasar
la noche una vez a la semana para darle un respiro a Beth
Ann, para que ella pueda dormir bien. Así, yo puedo estar
con Troy. Mi mamá o mi hermana me ayuda un poco, pero
yo hago la mayor parte de las cosas. Por alguna razón, él
no duerme bien en casa de Beth Ann, pero conmigo, toma su
biberón, come, juega y se va a la cama. Duerme cinco o seis
horas. Me gustaría que hiciera lo mismo con Beth Ann.*

Shaun, 19 – Troy, 2 meses

Es posible que Troy perciba más tensión en casa de su
mamá. También es posible que como Shaun lo atiende sólo
una vez por semana, el papá tiene más energía para jugar con
él. Los bebés perciben el estado de ánimo de la madre o del
padre. Si uno de ellos está incómodo, el bebé también lo va a
estar. Si la persona se relaja, el bebé hará lo mismo.

Si no estás con la mamá, de igual manera puedes tener
una relación con tu bebé. A no ser que la corte lo prohiba, tú

tienes el derecho de ver a tu criatura y pasar tiempo con ella.
Aunque en este momento no estés en condiciones de ayudar
económicamente, comparte tu tiempo.

Haz arreglos de modo que la mamá también tenga tiempo
para ella misma. Es muy frecuente que la joven mamá quede
con la carga de atender al bebé sola mientras que el papá ni
siquiera ve a la criatura. Cuando esto sucede, todo el
mundo pierde.

¿Qué sienten los padres de la mamá?

*Cuando veo a Alejandro, tengo que llevar a Anders a la
casa de él porque mi mamá no lo quiere ni ver [a Alejandro].
Viene por mí dos o tres veces a la semana. Cuando estoy allá,
él lo hace todo, excepto el baño, que todavía no le ha dado
uno. Dice que tiene miedo que Anders se le resbale. Yo me
imagino que cuando Anders se pueda sentar, Alejandro no
tendrá tanto miedo.*

Seilay, 16 – Anders, 3 semanas

Mamá y bebé a lo mejor viven con los padres de la mamá.
Los padres de ella a lo mejor tienen opiniones firmes acerca
de cuánto, si acaso, debe participar el papá de la criatura. Ésta
puede ser una situación difícil para todos.

*Si Yolanda se va a casa de sus padres y se queda allá, yo
no puedo ir a ver a mi bebé. Cuando están aquí, casi siempre
nos turnamos para atenderlo. Yolanda no está en la escuela,
así que cuando yo salgo de la escuela me voy a casa y lo
atiendo para que Yolanda pueda dormir. A veces lo tengo los
fines de semana, a veces lo tiene ella. Nos turnamos para
salir. Si nos quedamos en casa juntos, casi siempre
terminamos peleando.*

Andy

Yolanda y Andy tienen mucho estrés. Los papás de ella no
quieren a Andy y a Yolanda no le gusta vivir en casa de Andy.

Ambos tienen que dialogar acerca de lo que sienten, arreglar las cosas en esta etapa y estar conscientes para que cuando Gus esté un poquito más grande tengan menos estrés.

Para que una relación funcione se necesita mucho esfuerzo, determinación y amor, a cualquier edad. Es posible que sea especialmente difícil cuando la pareja es de adolescentes que ya tienen un bebé.

¿Matrimonio?

Esperamos para casarnos porque yo quería estar bien segura de que todo iba a andar bien. No quería que nos divorciáramos cuando el niño tuviera cinco años y hacerlo pasar por ese trauma. Mi papá me abandonó y yo no quería que mi hijo pasara por lo que pasé yo. No queríamos apurar las cosas. Los padres de ella estaban bien estresados y trataban de planear una boda para nosotros, pero no, no lo quisimos.

Chris, 20 – Alex, 12
meses

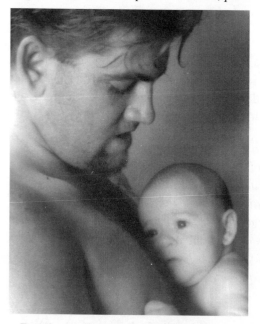

Está desarrollando una relación especial con su papá.

¿Qué tal el matrimonio? ¿Deben casarse porque van a tener un bebé? Casarse sólo por un embarazo, probablemente no es una buena idea. Es muy fácil para cada miembro de la pareja echar la culpa al otro más adelante cuando las cosas se ponen difíciles. Por esto y otros motivos, ciertas parejas deciden aplazar el matrimonio.

Chris y Erin se casaron cuando Alex tenía cinco meses.
Ahora Chris tiene un trabajo bastante bueno y tienen su propio
apartamentito, pero todavía las cosas no son fáciles. Chris
continúa:

> *Ahora tengo muchas responsabilidades. Tengo mucho
> estrés. Tengo 20 años y me siento como si tuviera 40. Vamos
> de compras y se compra esto para el bebé, eso para Erin y tal
> vez quedan $3 para calcetines para mí.*

Un nuevo bebé dificulta las relaciones

> *Yo nunca fui buena con los bebés, pero Keonia me hizo
> entender las necesidades de ellos. Antes de que naciera, mi
> esposo y yo éramos muy unidos pero ahora nos hemos ido
> alejando el uno del otro. Ahora casi nunca nos hablamos.
> Discutimos más que nunca.*
>
> *Keonia me hace sentir como si tuviera 30 años. Me siento
> como que ya no soy una niñita ni una adolescente sin preo-
> cupaciones. Muchas veces siento que le estoy dando todo mi
> amor a mi hija y no queda nada para mi esposo.*
>
> Lei, 16 – Keonia, 4 meses

Muchas parejas se dan cuenta de que el estrés de atender
a un bebé junto con problemas económicos hacen difícil sus
relaciones. Lei y Roy se casaron un mes antes del nacimiento
de Keonia. Keonia tuvo problemas de salud, inclusive dos
hospitalizaciones cortas. Lei tiene casi toda la responsabilidad
de atenderla y Roy sale de casa temprano para ir al trabajo y
regresa después de las 6:00.

Es de esperarse que Lei y Roy puedan hablar sobre sus
relaciones y se esfuercen por volver a tener la unión de antes.
Sería bueno que consultaran ese asunto con un consejero antes
de que se aparten más.

A veces el padre se siente por fuera porque parece como
que la mamá sabe más que él sobre el cuidado del bebé.

*Nos ha acercado más, pero es distinto porque ahora tiene
una actitud de "yo soy la mamá, yo he estado con él". Es
más cosa de "yo" en vez de "nosotros". Eso me molesta. Me
fastidia al punto de que me enfurece.*

Joel, 19 – Blair, 3 meses

Probablemente, lo mejor para Joel es que se haga experto
él también. Él es mucho más que sólo niñero y lo sabe. Tiene
que dialogar con Brook sobre cómo se siente. Probablemente
Brooke estará menos nerviosa y, por consiguiente, menos
mandona a medida que Blair crece. Una cosa es cierta: nadie
gana si Joel decide dejar de atender a su hijo porque considera
que la mamá no tiene la actitud positiva que él quisiera.

Hacer tiempo para la pareja

*Ha estado diciendo que yo no le pongo atención a él, que
sólo me preocupo por la criatura. Dice que él no me interesa,
que sólo me interesa el dinero. Yo le digo que es que está
celoso, que debería estar orgulloso de mí porque atiendo a
su hija.*

*Me contesta: "yo también soy una persona". Le digo que
él es adulto y que puede hacer todas esas cosas por sí mismo
mientras que Sujatha no puede hacer nada.*

Kimiko, 17 – Sujatha, 5 meseeS

A veces un nuevo papá se siente por fuera porque su pareja
parece dedicarle todo el tiempo y atención al bebé. La mamá
también puede sentirse así:

*Él está muy involucrado con ella. La verdad es que se
olvida de mí. Pasa por la puerta derechito adonde está ella.
Yo le digo: "¿te acuerdas de mí?"*

*Juega con ella, le da la comida, le cambia los pañales, de
todo. Ella se parece a él.*

Marsha, 16 – Justina, 5 meses

A tu pareja y a ti podría dificultárseles tener tiempo para

El bebé escucha lo que le susurra su papá.

uno y otro cuando tienen un bebé. Es importante para ambos, así como para el bebé, que la madre y el padre se lleven bien y que sus lazos de relación sean más fuertes cada día.

Una de las cosas que lo hizo enamorarse de mí es que yo hablo de nuestros prolemas. Le digo las cosas como son – y estoy a la disposición si me necesita. Si él tiene algún problema, yo lo apoyo. Ambos tenemos que tener mucha paciencia.

Kimiko

Puede haber problemas económicos

Los problemas económicos tienden a intensificarse para las parejas adolescentes. Aunque el papá tenga empleo, el dinero probablemente no va a alcanzar hasta donde quisieran. Chris,

como muchos papás jóvenes, trabaja tan duro para mantener a
su familia que no tiene mucho tiempo para pasar con su bebé:

*Cuando Alex nació yo ganaba sólo $6 la hora, pero yo me
había propuesto que esta criatura iba a estar bien. Yo iba a
trabajar en dos empleos si era necesario.*

*No tuve la oportunidad de expresar mis sentimientos. Yo
había estado por mi cuenta desde los 16 años. Me fui de casa.
No necesitaba de nadie y vivía bastante mal. Vivía en
las calles.*

*Conocí a Erin y ella como que me enderezó un poco.
Conseguí empleo y traté de hacer algo por mejorar mi vida.
Creo que hubiera sido útil hablar con otros padres jóvenes,
escuchar cómo se las entienden.*

*No puedo ver mucho a Alex. Salgo de casa a las 5:30 a.m.
y regreso a las 7:30, de modo que lo veo menos de una hora
por la noche. Los fines de semana los pasamos juntos*

La escuela es importante

Si aún estás en la escuela, probablemente no puedes
mantener a tu familia sin ayuda. Lo más importante para ti
en este momento es que te gradúes y adquieras destrezas de
trabajo para independizarte lo antes posible. Muchos padres/
madres jóvenes continúan viviendo con sus padres hasta que
puedan mantenerse a sí mismos.

Andy lucha para terminar sus estudios. Como no hay nadie que pueda atender al bebé, Yolanda está en estudio
independiente. Andy habla de la vida que llevan juntos:

*Quiero que Gus crezca bien. No quiero que ande por la
calle ni nada parecido. Voy a tratar de enseñarle sobre lo
bueno y lo malo. No quiero que crezca como crecí yo, o como
crecieron mis hermanos.*

*Tenemos momentos difíciles. A Yolanda se le ocurren cosas
raras cuando no tenemos suficiente dinero; y tenemos que
ahorrar para la leche y los pañales. O cuando llora toda la*

noche y yo tengo que ir a la escuela. Casi siempre cuando estoy desvelado porque Gus está enfermo, eso retrasa mi graduación.

Cuando me voy a la escuela, Yolanda se queda con Gus por el día. La semana pasada ella se enfermó también y yo tuve que atenderlos a los dos. La semana pasada fui a clases sólo dos días porque los dos estaban enfermos.

Mi mamá y mi papá me ayudan bastante, pero por eso mismo es que quiero salir [de la escuela], para que no se tengan que preocupar por mi bebé.

A otros muchachos les digo que esperen hasta que salgan de la escuela y tengan empleo. Es difícil sin dinero. Es difícil tratar de ir a la escuela cuando uno tiene un bebé, sea mamá o papá.

Si ya eres padre, ya sabes que el manejo de la responsabilidad es difícil. Es de esperarse que también sepas de la alegría que vive junto a la responsabilidad. Pasa tiempo con tu hijo. Tú puedes ser una parte importantísima de su vida.

Para mayor información, ver Teen Dads: Rights, Responsibilities and Joys por Lindsay (Morning Glory).

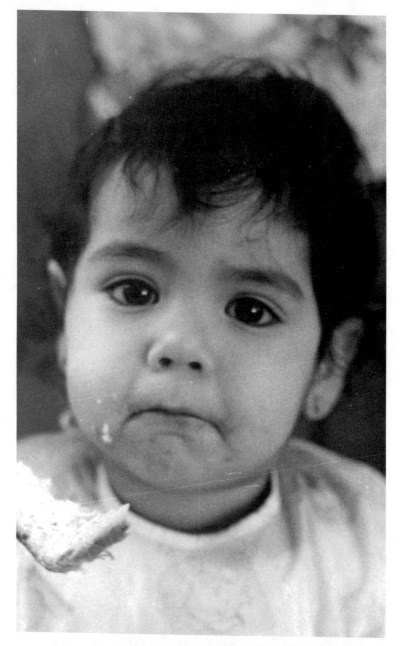

Su mamá lo está criando sola.

6

Si la mamá está sola

- **La actitud positiva y la sinceridad**

- **Solicitar mantención del menor**

- **"Todavía me gusta"**

- **El papá puede estar muy lejos**

- **El manejo de relaciones futuras**

- **Criar sola puede dar buenos resultados**

Estuve bien durante todo el embarazo, excepto por los dos últimos meses que fueron muy duros para mí. Mucho estrés. Creo que fue porque me preocupaban muchas cosas.

El papá y yo estábamos juntos a veces y a veces no, pero no nos hablábamos mucho. Yo lo llamaba para decirle cómo estaba la bebé y él no me contestaba la llamada. ¿Iba él a participar en la vida de la bebé? Ahora mismo estoy estresada porque dice que quiere ver a la bebé y no viene. No lo estoy presionando para que venga a verla. Él tiene casi 18 años y también está en la escuela.

A mí me gustaría estar con él pero no creo que dé resultado. Él es una persona que prefiere a sus amigos sobre todos los demás. Sale mucho con ellos y no hace tiempo para su bebé. Tal vez más adelante. Sus amigos han estado en pandillas y él anda con ellos.

Lacey 16 – Jenilee, 1 mes

No importa nada, si estás embarazada y no estás con el papá del bebé y tu familia no te apoya, tu bebé te va a necesitar 24 horas al día.

Kimiko, 17 – Sujatha, 5 meses

Más o menos cinco de cada seis madres adolescentes no están casadas cuando dan a luz. Algunas de ellas están realmente solas. El papá tal vez se alejó cuando se enteró del embarazo. En ciertos casos, a lo mejor ni siquiera sabe de la existencia del bebé.

La actitud positiva y la sinceridad

El papá de Haley no está por aquí, y yo estoy comprometida con otro. Mi novio está en el ejército ahora mismo, pero se hace como que es su papá. Yo le voy a decir quién es su papá. Es un drogadicto y no la ha visto. No puedo confiar en él cuando llama y quiere sacarla.

Shuquala, 17 – Haley, 9 meses

Do I Have a Daddy? por Lindsay (2000: Morning Glory Press) es un libro de láminas para el bebé que no conoce a su padre biológico. Este libro incluye una sección con sugerencias para una madre soltera. Las madres jóvenes comparten sus ideas sobre este importante tópico. Ellas recomiendan lo siguiente:

• Sé sincera con tu hijo/hija.

• Adopta la actitud más positiva posible.

Para algunas madres jóvenes, estas metas son conflictivas.

Tal vez en este momento te es difícil decir algo bueno del papá de la criatura. Raylene se encuentra en esta posición:

Pensé que como Rick es el padre de Víctor, debería pensar en casarme. Pero yo sabía que me iba a meter en la misma clase de relación abusiva en que está mi mamá, excepto que Rick no toma.

Rick era malo estando sobrio y mi papá, cuando está ebrio. No consideré realmene casarme con él.

Rick me decía: "No vas a encontrar a nadie más. Los tipos van a creer que eres puta". La última vez que me golpeó fue seis meses antes del nacimiento de Víctor. Yo no me merezco eso. Mejor es estar sola y quedarme soltera que aguantar eso.

Raylene, 18 – Víctor, 2

Mencionarle el padre a Víctor de manera positiva va a ser duro para Raylene. Pero en *Do I Have a Daddy?*
Robin dice:

"¿Por qué hay que hacerle sentir a un niño que su papá es un sinvergüenza? Si su papá es sinvergüenza, él es medio sinvergüenza. No es justo hacer sentir a tu hijo lo que sientes tú.

Yo le digo a Stu: "Tu papá no tuvo la suerte que tengo yo — él no logró vivir contigo".

Robin, 21 – Stu, 5

Robin tiene razón. Es importante para el niño/la niña, que trates de sobrepasar tus sentimientos. Esto va a ser difícil para Raylene. Tal vez decida decirle la verdad a Víctor y decirle que ella y su padre tuvieron unas relaciones muy malas. Con el tiempo, tal vez pueda compartir con su hijo algún recuerdo positivo.

Solicitar mantención del menor

Tu hijo probablemente va a ser más pobre si es sólo la madre quien le da ayuda económica. Tanto tú como el padre tienen la obligación, por ley, de mantener a la criatura. No importa si tú y él planearon o no planearon tenerlo.

Tu hijo tiene derecho a beneficios de Seguro Social por parte de la madre y del padre, así como otros beneficios de seguros, derechos a heredar y de veteranos. Tu hijo podrá reclamar tales beneficios si se ha establecido la paternidad. En ciertos estados, la paternidad se establece con la firma de la madre y del padre en un documento legal donde se especifica que él es el padre.

¿Y si el padre insiste en que él no es el padre? En ese caso, tal vez tengas que ir a la corte. Las pruebas de sangre son casi 100 por ciento acertadas para identificar al padre de una criatura. Éstas son pruebas genéticas que comparan muchos elementos distintos de la sangre de la madre con los similares en la sangre del hombre y del niño.

Ciertas parejas se llevan bien durante gran parte del embarazo y se separan antes del nacimiento. La situación de Kellie es típica:

Ahora no estamos juntos pero Ron paga mantención del menor. No ha visto a Kevin desde que tenía un mes.

Habíamos estado juntos dos años y estuvimos bien hasta mi octavo mes. Estaba muy emocionado con el asunto. Entonces los padres de Ron se separaron y su hermano se divorció. Él se preocupó de que iba a pasar lo mismo con nosotros.

Ron volvió conmigo como un mes después que nació Kevin, pero después se fue de nuevo. Ahora está tratando de volver. Yo no voy a permitirlo porque no quiero herir a Kevin otra vez, ni yo quiero que me hiera a mí.

Habíamos hablado de casarnos. Entonces, en el espacio de una semana pasamos de planear matrimonio a él no querer verme nunca más. Me parece que él tiene miedo de crecer y hacerse cargo de las responsabilidades.

Yo no hubiera creído que fuera posible, pero parece que los sentimientos de Ron cambiaron de la noche a la mañana.

Tu bebé tiene derecho a beneficios por parte del padre y de la madre.

Creo que tuvo mucho que ver con su mamá de él. Apenas quedé embarazada, ella se puso contra mí. Yo era aceptable para él hasta que quedé embarazada. Entonces se le ocurrió que yo estaba tratando de atraparlo. Tuvimos buenas relaciones esos dos años. Casi nunca peléabamos.

Kellie, 16 – Kevin, 3 meses

Es imposible saber lo que Kellie "debe" hacer. Tal vez en el futuro ella y Ron decidan criar juntos—o tal vez no. Sea como sea, Kellie ha sido sensata al solicitar mantención del menor. Tal vez también decida, aunque ella y Ron no se junten, que Ron y Kevin tienen que tener buenos lazos de relación.

Ciertas madres jóvenes insisten en que no van a solicitar mantención del menor. "No lo necesitamos", es lo que dicen.

A veces ni siquiera dan el nombre del padre.

Es la criatura quien pierde cuando sucede así. Puede ser
que el papá de tu bebé no tenga empleo ni dinero en este
momento. Tal vez no quieras que tu hijo conozca a su padre.
Aún así, es importante no cerrarle la puerta de la vida de tu
hijo por siempre.

"Todavía me gusta"

Beth tiene sentimientos en conflicto hacia el padre de
su bebé:

*Al principio, Al veía a la bebé cada dos días, o llamaba
para saber cómo estaba. Entonces decidí que yo no quería
que viera más a Patty. Se lo dijo y tuvimos una pelea al
respecto. Sé que él tiene el derecho, y él realmente se
preocupa por ella. Yo había pensado que él era un tipo que
iba a decir: "bueno, tengo un hijo ¿y qué?" pero no es así.*

*Ciertamente, una madre soltera puede
ser una cariñosa y "buena" madre.*

*Al había planeado ser mi entrenador de parto, entonces
empezamos a pelear. No se volvió a tocar el asunto. Yo me
busqué a otra entrenadora, una amiga.*

*No he visto a Al desde hace un buen rato. Cuando salí em-
barazada, hablamos de casarnos. Pero yo no quería casarme
sólo por el embarazo – eso me parece un gran error. Tal vez
cuando sepa qué es lo que quiere hacer con su vida . . .*

*Quizás la razón principal por la que no quiero que vea a
Patty es porque todavía me gusta él. Cuando está aquí, me
siento incómoda. Así que si/cuando ya yo no me sienta así,
entonces estará bien que venga a visitar.*

*Por ahora todavía me importa mucho él, y cuando lo veo
con su hija, me da tristeza. Hubiera deseado que las cosas
fueran distintas. Sé que él tiene el derecho de verla, pero yo
no estoy preparada para eso, eso es todo.*

Beth, 18 – Patty, 3 semanas

Si el papá le da una pensión, y a veces aun si no la da, él
tiene el derecho de ver a su bebé. Por ley, él puede tener el
derecho de estar con su hijo/hija parte del tiempo.

Si el padre y la madre no se ponen de acuerdo en este asunto, deben consultar con un abogado o un grupo de ayuda legal.

El papá puede estar muy lejos

A veces el papá del bebé no puede estar con su familia.
Puede estar prestando servicio militar, o puede estar lejos por
otros motivos.

*Jayme ha visto a su papá una vez. Lo llevé a la prisión
cuando tenía 6 meses. Me sentí muy incómoda con Cory y
Jayme lo mismo.*

*Fue difícil para mí porque Cory lucía diferente y su actitud
era diferente y yo era diferente. No sentía como que los dos
hubiésemos concebido a esta criatura.*

Kaylene, 18 – Jayme, 16 meses

¿Qué responsabilidad tiene Kaylene para con Jayme y su padre? ¿Debería mantener nexos con Cory por Jayme? Si Cory va a tener algún tipo de relación con Jayme, Kaylene puede mandarle muchas fotos y mantenerlo al tanto del desarrollo de su hijo.

El manejo de relaciones futuras

He estado sola desde que tenía tres semanas de embarazo, pero he estado saliendo con otro desde hace unos dos meses. Jayme quiere a mi nuevo amigo. Ya empieza a darse cuenta de quien está a su alrededor y se apega a la gente enseguida. Está acostumbrado a verme a mí sola, pero ya se está acostumbrando a ver a mami con otra persona. Le gusta ser parte de una familia.

Antes de esto no había salido mucho. Salí una vez con alguien, pero eso no resultó porque al hombre no le gustaban los niños. No quería ser papá ni nada remotamente parecido, así que yo terminé eso rapidísimo.

Kaylene

Las madres jóvenes solteras tal vez se pregunten cómo manejarán las relaciones futuras. ¿Cuán pronto le debes decir a tu nuevo amigo que tienes un hijo? Casi todas las mamás concuerdan en que es importante ser sincera.

"Si no quiere saber de mí porque tengo un bebé, él no es para mí", dicen ellas. Por otro lado, a veces un nuevo novio parece demasiado interesado en ser padre para ese niño:

Salir con otras personas es difícil. Salí con alguien a quien yo le caía bien, pero él pensó que a mí sólo me interesaba salir con él para que fuera padre de Kevin. Otro ya estaba ahorrando para mandarlo a la universidad.

Encontrar a la persona apropiada va a ser difícil. Va a ser un sube y baja. Quiero encontrar a alguien que no tenga miedo pero que no quiera adueñarse de la situación completamente.

Kellie

Encontrar la manera "apropiada" para las relaciones futuras puede ser difícil. Puede ser que quieras que tu hija tenga a alguien en funciones de padre. Al mismo tiempo, no quieres que la niña se imagine que todo hombre que llega a tu casa va a ser su papá. Cuando tienes una criatura, manejar las salidas con alguien y las relaciones con una posible futura pareja requiere mucha sensatez, amor y atención.

Criar sola puede dar buenos resultados

Aproximadamente la mitad de los niños en Estados Unidos hoy día pasan por lo menos parte de su vida en un hogar con sólo la madre. Muchos insisten en que es mejor que una criatura tenga tanto a la madre como al padre que le atiendan. Pero, sin duda, una madre soltera puede ser una amorosa madre "buena". Sólo se necesita un esfuerzo un poquito mayor.

Un momento con la abuelita es muy especial.

7

Tres generaciones en la misma casa

De niñera, yo podía hacer las cosas fácilmente, pero con mi bebé, necesitaba a mi mamá. Ella era muy mandona, pero yo la necesitaba. Me hubiera gustado que me preguntara de vez en cuando en vez de decirme lo que tenía que hacer.

Mi mamá cree que lo que ella hace es mejor porque ella es mayor. Pero yo también soy mamá y me parece que ella debería probar la manera que yo hago las cosas para ver si funciona.

Si yo viviera sola, me imagino que sería un saco de nervios. No tendría a nadie a quien pedirle consejos. Pero hay veces que me

gustaría probar algo por mi cuenta porque quiero ser una
persona responsable.

Holly, 17 – Orlando, 5 meses

Es bueno vivir con mi familia porque me ayudan mucho.
Pero a veces es cosa de: "ah, debes hacer esto". Por supuesto
que escucho porque mi mamá no me va a decir nada que
sea malo.

Seilay, 16 – Lenny, 3 meses

Ayuda de la abuela

Cuando salí del hospital, a veces me daba miedo. No sabía
qué hacer. Hasta me daba miedo cargar a Racquelle. Cuando
lloraba sin parar, yo también lloraba porque no tenía idea de
qué andaba mal.

Cheryl, 15 – Racquelle, 2 meses

Es probable que más madres adolescentes, casadas y
solteras, residan con sus padres que cuando una familia es de
más edad. ¿Cómo cambia esto la manera de atender y criar al
bebé en esta situación?

En lo positivo, a menudo uno se tranquiliza y se cansa
menos si tiene ayuda para atender al bebé. Una mamá
primeriza tal vez siente de repente que no sabe cómo atender
a esta criaturita. Con la mamá en la misma casa tal vez se
tranquiliza. Durante las primeras semanas de dar de comer en
la madrugada, la abuela tal vez consienta en levantarse a esa
hora de vez en cuando para darle de comer al bebé para que
tú duermas.

Ella me quiere y quiere a mi bebé, pero mi bebé es respon-
sabilidad mía. A veces Sonja se despertaba por la madrugada
y lloraba mucho. Yo también me ponía a llorar y mami venía
y me ayudaba. Pero yo quiero que Sonja sepa que yo soy
su mamá.

Julie, 16 – Sonja, 7 meses

Si el papá del bebé no anda por ahí, a lo mejor necesitas más ayuda de la abuelita. A muchas madres jóvenes que residen con sus padres, estos primeros meses les parecen un período de "luna de miel". Tus padres estarán muy dispuestos a ayudarte.

Si tienes hermanos y hermanas, hasta se pueden pelear para cargar al bebé. Aprecia toda la ayuda de ellos al mismo tiempo que haces tú todo lo que puedas por tu bebé.

"¿Quién es mi mamá?"

Lo mejor de las abuelas es que tienen experiencia. Han aprendido de los errores que han cometido. Se toman el tiempo y tienen paciencia con un bebé irritado.

Lo menos bueno es que a veces los abuelos se toman mucha responsabilidad. Parece como que se olvidan de quién es la mamá.

Si la abuela se hace cargo al principio, puede ser difícil que la mamá se haga cargo más adelante. Así resulta que en muchas familias un bebé cree que su abuela es su mamá. En ese caso, la mamá se siente por fuera y lo resiente. El que más puede sufrir es el bebé que no está seguro de quién es realmente su mamá.

De vez en cuando pesco a mi mamá haciendo el papel de madre. Lo entiendo por la experiencia que tiene ella. Además, lo necesito cuando estoy cansada o no me siento bien. Pero otras veces no me gusta.

A veces estoy jugando con Karl y viene ella y se lo lleva. Eso no me gusta para nada.

Llevo a Karl donde pueda llevarlo y mi mamá me dice constantemente que no debo hacerlo, que no es justo para Karl. Pero si yo tuviera que quedarme en la casa con él todo el tiempo, me deprimiría. Y si yo me deprimo, Karl se deprime. Yo creo que no hay problema en eso. Ve nuevas cosas, está con otra gente. Él aprende más cuando va a distintos lugares conmigo.

*A veces tengo que explicarle a mi mamá que yo tengo la
responsabilidad de ser madre y quiero hacerlo por completo.
Yo sé cuándo Karl tiene hambre, cuándo necesita un baño,
etc., pero mi mamá todavía intenta decirme cómo hacer todas
estas cosas. Trato de no molestarme — pero me molesta.*

*Como soy menor de edad, sería muy difícil para mí vivir
por mi cuenta. No tendría a nadie cuando me enfermo, ni a
nadie con quien hablar – y no podría pagar por una
vivienda propia.*

Kimberly, 17 – Karl, 2 meses

El papel de hermanos y hermanas

Si tienes hermanos y/o hermanas que residen en la misma
casa, también tienes que tomar en cuenta lo que sienten. ¿Les
va a cambiar mucho la vida por tu bebé? ¿Tendrán que ocuparse de más cosas en la casa porque tú estás muy ocupada
con tu bebé?

¿Cómo se sentirán en este caso? Probablemente no hay
respuesta "correcta" para tal pregunta, pero es un tópico que
tú y tu familia deben considerar, si es posible, antes
del parto.

*A veces mis hermanas me quieren dar consejos. Las dejo
decir lo que quieran. Las puedo ignorar.*

*Por ejemplo, últimamente Stevie se pone de mal humor
cuando hace caca. Cuando lo ven incómodo, me dicen que
le dé de comer. O si no, creen que debo "hacer" algo. Le
mueven juguetes en la cara. Pero él está muy chiquito para
que le interesen los juguetes.*

*A las dos semanas, querían moverle matracas en la cara.
Él no lo quería. Es sólo un bebecito. Yo les decía eso y
corrían donde mi mamá y le decían: "Alison no quiere que
hagamos nada con el bebé". Mi mamá se reía y les decía que
yo sé lo que hago.*

Creo que a mis hermanas les molesta que yo esté siempre

La familiá extensa — más conmoción, más cariño.

aquí con el bebé. Pero cuando les pido que lo cuiden para yo salir un ratito, generalmente se niegan.

Alison, 18 – Stevie, 2 meses

Las hermanas de Alison son chiquillas adolescentes. No entienden que Alison tiene que estar sin Stevie de cuando en cuando. Tal vez Alison debe esforzarse por incluir a las hermanitas en la atención de Stevie cuando quieren participar. Así tal vez tengan más gusto para cuidarlo cuando Alison tiene que salir un ratito.

La clave – hacerse responsable

Me imaginé que mi mamá se iba a hacer cargo de Racquelle todo el tiempo. Cuando mis dos hermanas salieron embarazadas a los 16 años, ella se hizo cargo. Mis hermanas no tenían idea de lo que era atender a sus bebés.

Cuando yo traje a Racquelle a casa, la atendí todo el

tiempo. Le demostré a mi mamá que yo era capaz de hacerlo.
Así que ahora sabe que no tiene que encargarse de ella y por
eso la cuida a veces cuando quiero salir.

Cheryl

A veces las madres jóvenes tienen mucha ayuda que no
quieren. Si esto te sucede a ti, tal vez puedes ayudarle a tu
familia a entender que para todos ustedes –tus padres,
hermanos/as, el/la bebé y tú—será mejor si tú tienes la
responsabilidad principal en cuanto al cuidado de tu hijo/a.
Si al principio, a pesar del cansacio, les demuestras que sabes
cómo ser buena madre, a lo mejor no sientan que tienen que
darte más consejos de los que a tu parecer se necesitan. La
mamá de Alison dice:

Alison lo hace todo. Si yo no tuviera que ir al trabajo, me
sería más difícil no hacerme cargo. Estoy sorprendida de
que no lo hecho. Eso me preocupaba cuando ella estaba
embarazada. Sabía que este bebé de ella tenía que ser
responsabilidad de ella.

A mí me encantan los bebés y me gusta atenderlos, pero
no he tenido que levantarme de madrugada una sola vez
a atender a Stevie. ¡La verdad es que no lo oigo llorar de
noche!

Alison añade:

Stevie es un bebé tan bueno, pero creo que lo tengo que
mantener calladito. Papi aguanta mucho, pero sé que no le
gusta oír a bebés llorones. Sería mucho más difícil si él fuera
un bebé inquieto. Me imagino que si fuera más irritable, mi
familia también se irritaría. Pero como duerme en mi
habitación, lo tomo en brazos y le doy de comer cuando se
despierta por la noche. Se vuelve a dormir enseguida.

Si eres una madre primeriza y resides con tus padres, tal vez te parezca que no tienes otra alternativa. A lo mejor no aprecias la ayuda que te dan. Una familia extensa de bebé, mamá y/o papá y los abuelos en las mejores circunstancias significa que hay más amor y cariño para el bebé – ¡y eso es muy valioso!

A veces las relaciones entre una mamá adolescente y su madre puede mejorar con el nacimiento del bebé:

Mis relaciones con mi mamá mejoraron un poco porque yo empecé a pensar en mis hijos y como me gustaría que me trataran. Y empecé a pensar en ella como amiga y madre. De veras de veras que me respeta en mi maternidad. No me trata como que yo soy una chiquilla tratando de criar a un bebé.

Kellie, 16 – Kevin, 3 meses

Mudarse a casa de la pareja

Si te mudas a casa de tu pareja (ya seas la mamá o el papá de la criatura), se pueden presentar más dificultades. No existen dos familias iguales y las diferencias podrían requerir mucha comprensión por parte de todos. Zandra habló sobre su vida con la familia de Nathan cuando estaba embarazada, después, de cuando se mudó con Nathan y el bebé a casa de la mamá de ella en otro estado. Es una situación difícil.

Anteriormente, cuando estaba embarazada, viví con la familia de Nathan. Nathan iba a la escuela y trabajaba. Yo me quedaba en el cuarto todo el día cuando él estaba en el trabajo o en la escuela. Si Nathan no estaba en casa, yo no comía con su familia. Me llevaba la comida a mi cuarto.

Pero ahora vivimos a 1500 millas de ellos. Y es muy difícil para Nathan porque odia a mi familia. Él es buena persona, cría bien a Dakota, pero no está contento aquí.

Zandra, 16 – Dakota, 11 meses

Camelia se preocupaba por su mudanza a casa de la familia de Jonah:

Cuando me mudé, al principio creía que todos estaban en contra mía. Me ponía a pensar que eran una familia, que iban a estar el uno por el otro, pero me equivoqué.

Quiero mucho a mi suegra. Es como mi segunda mamá. Tomando en cuenta mi embarazo, yo cambiaba mucho de humor.

Lo que más me molestaba es que mi mamá no estaba aquí para ir donde ella. Era algo chistoso porque fui yo quien decidí mudarme.

Camelia, 16 – Buchanan, 6 meses

La vida raramente es fácil cuando dos familias residen juntas. Si tú eres huésped en casa de la familia de tu pareja, debes hacer todo lo posible por establecer relaciones positivas. Lo primero que tienes que hacer es comunicarte con tu pareja.

La comunicación no significa que tienes que decirle lo malos que son sus padres. Es, en realidad, asunto de que los dos juntos tienen que buscarle solución a los problemas. Ya sea que se trate de asuntos grandes o molestias de todos los días, haz todo lo posible por solucionarlos para que todos salgan ganando.

Tercera parte
Tu bebé en movimiento

Durante los cuatro meses del segundo trimestre de su vida, tu hija va a cambiar de bebé que se queda donde la pones a una personita en movimiento. A lo mejor todavía no se para ni gatea a los ocho meses, pero ya le falta poco. Su desarrollo durante ese tiempo se describe en el siguiente capítulo.

Mantener al bebé sano y salvo es un reto mayor cuando empieza a gatear. Poner la casa a prueba de niños se presenta en el capítulo 9.

Los hábitos alimenticios del bebé también cambian, entre los cuatro a seis meses. De dar el pecho o el biberón se pasa a comer un poquito de alimento sólido. El capítulo 10 trata de esos pinitos hacia las clases de comida que uno come, ese corto período en que el bebé está listo para comer alimento sólido pero no puede aún entendérselas con terrones en la comida. Es un momento en que tú todavía le das la mayor parte de la comida pero él ya come algo con las manos.

Jugar con el bebé se hace más divertido tanto para él como para ti. En el capítulo 11 tal vez encuentres nuevas ideas para jugar con tu bebé y enseñarle algo.

Por curiosidad quiere tocar y manosear todo

8

El bebé está mucho más activo

- Sus intereses aumentan
- En movimiento
- Comparación de los bebés
- La curiosidad lleva a gatear
- Responder para inspirar confianza
- Los temores del bebé
- La dentición
- Síndrome de biberón/mamila/ mamadera
- ¡Tremendos cambios ya!

Ahora, a los cinco meses, Orlando está más alerta, es más persona. Cuando era pequeñito, sólo estaba acostadito y no me podía ver con claridad. Ahora se voltea, arrulla, refunfuña (¡sí, de veras!), juega con los pies y las manos y se ríe.

Cuando estaba recién nacido, yo lo cargaba mucho y le gustaba. Ahora lo cargo y juego con él. Paso casi tanto tiempo ahora jugando con él como pasaba cargándolo, tal vez un poquito más. Ahora le están saliendo dientes y está un poquito irritable.

Holly, 17 – Orlando, 5 meses

Nick se sienta solo un buen rato, luego se desploma. Lo vuelvo a

enderezar. Cuando se cansa, se deja caer. Ahora se entretiene
él solito por más tiempo.

Theresa, 16 – Nick, 6 meses

Sus intereses aumentan

Delphina tiene un móvil musical de osos y los agarra. Le
encanta sentarse en un columpio de bebé y observar el móvil
dando vueltas.

Shoshana, 17 – Delphina, 4 meses

A los cuatro meses, la curiosidad del bebé aumenta
rápidamente y quiere tocar y manosear todo lo que tiene a su
alcance.

Una sencilla cara dibujada en un plato de cartón y pegada
a su cuna le puede llamar la atención a un recién nacido.
Pero ahora ya no se le puede dar una cosa tan frágil para
que mire.

Va a disfrutar de un móvil bien construido, pero ahora ese
móvil también tiene que ser fuerte para que le dé golpes, tire
de él y lo maltrate si lo puede alcanzar. El bebé se frustra menos si se le coloca el móvil donde lo pueda tocar y manosear.

A esta edad necesita algo seguro que pueda "batear".
También debe sonar, como un montoncito de matracas/
maracas/sonajeros colgados a distancia que pueda batear.

Usar hilos y cuerdas donde la criatura los alcance es
riesgoso porque se los puede enrollar en el cuello.

Un gimnasio de cuna barato es una buena compra. El
mismo debe tener objetos sencillos que el bebé pueda golpear,
tirar y manosear.

En algún momento durante esta etapa, el bebé podrá
alcanzar las cosas que ve. Esto es distinto al bateo que hacía
antes. Ahora ve el objeto, lo alcanza fácilmente y abre los
dedos antes de tocarlo. ¡Qué cambio!

En movimiento

Juan tira del asa del gimnasio de cuna en el corralito. Tira hacia abajo y luego lo suelta. Esta mañana se frustró proque trató de gatear para agarrar lo que quería y no pudo.

Ginny

Sara, de cuatro meses, se queda casi siempre donde la ponen. Acuéstala en una mantita con unos cuantos juguetes. Regresa diez minutos más tarde y está más o menos en la misma área. Puede clavar un poquito los dedos de los pies y correrse. Pronto podrá voltearse boca arriba y boca abajo pero todavía no anda por todo el apartamento.

Sam, de ocho meses, es un ser completamente distinto. Se sienta. Ya casi va a gatear. De hecho, lo pones en una mantita en el suelo, le das la espalda un segundo y ¡puede estar al otro lado del cuarto! Tal vez ya está gateando.

Los cambios físicos que ocurren entre los cuatro y los ocho meses de una criatura son realmente asombrosos. Hasta los cuatro o cinco meses, el bebé se limita a estar acostado boca arriba o boca abajo, o estar recostado por alguien. Depende totalmente de los demás para movilizarse de un lado a otro.

Como a los 61/2 meses, muchos bebés se sientan sin ayuda. Muchos empiezan a arrastrarse o gatear como un mes más tarde. Pero, como en todo desarrollo, cada bebé es único. No te preocupes si tu bebé todavía no se sienta ni gatea.

Wayne ha estado gateando desde los siete meses, pero no se sentaba antes sino hasta más o menos entonces. Me gusta lo de gatear porque ahora puede hacer algo.

Lorice Ann, 23 – Wayne, 9 meses; Kelton, 7 años

A veces, hacia finales de ese período de los cuatro a los ocho meses, tu bebé podría erguirse por sí misma. Se aferrará a la barandilla de la cuna o al brazo del sofá. Al principio está contenta pero dentro de un minuto echará a llorar. ¡No sabe cómo volverse a sentar!

La puedes enseñar a sentarse. Muéstraselo. Con mucha delicadeza, dóblale las rodillas mientras le hablas. Se va a sentar y en dos minutos volverá a levantarse. Puede tomarle varios días aprender a sentarse sola.

Comparación de los bebés

La edad a la que un bebé se sienta, gatea y camina parece no tener relación alguna con el cociente de inteligencia (CI, o IQ en inglés) cuando sea mayor. Comparar el desarrollo de tu bebé con el de otra persona puede ser divertido siempre y cuando no se tomen las diferencias entre uno y otro como algo negativo para ninguno de los dos. La bebé que no se sale de la mantita durante casi todo su primer añito puede ser una de las criaturas más inteligentes del área.

Para ciertos padres, el desarrollo intelectual de sus hijos es muy importante. Existen muchos tipos de inteligencia. Un niño puede interesarse mucho en las destrezas pre-lectura; a otro le pueden fascinar los insectos y puede pasar mucho tiempo observando su movimiento. A lo mejor tu hijo está ansioso por tener la oportunidad de ayudar a mamá o papá a arreglar cosas en la casa.

Una niña que no lee bien en el jardín de infancia o kindergarten, podría ser capaz de repara el auto de la familia unos cuantos años más tarde, mientras que su hermano lector podría considerar esto una tarea imposible.

Recuerda que tu hijo, cualesquiera que sean sus habilidades, es importante; tu hijo es una persona divertida. Disfrútalo. El que sea o no sea "brillante" no tiene mayor importancia.

La curiosidad lleva a gatear

Estas últimas dos semanas, Jonita ha empezado a erguirse en la silla. Le gusta estar parada y no le gusta sentarse muy

*a menudo. Esta mañana mi hermana la llevó a la sala y se
fue a la recámara. Cuando regresó, ¡Jonita estaba en el lado
opuesto de la sala!*

Ellen, 17 – Jonita, 6 meses

Cuando el bebé está acostadito en el suelo o sentadito en
su asiento, se le desarrolla la curiosidad rápidamente. Ponte en
su lugar. Imagina cómo es no poder moverte. Ves todas esas
cosas emocionantes a tu alrededor y lo único que puedes hacer
es mirarlas. ¡Imagínate la frustración!

*Ya gatea. Antes, se enojaba porque no podía alcanzar las
cosas. Ahora se mete en las cosas.*
Ahora mismo está circulando por el comedor.

Shaquala, 17 – Haley, 9 meses

El motivo principal que tiene un bebé para aprender a
gatear es satisfacer su curiosidad. Le gusta el ejercicio y
mover el cuerpo, pero el incentivo mayor es la satisfacción de
su curiosidad.

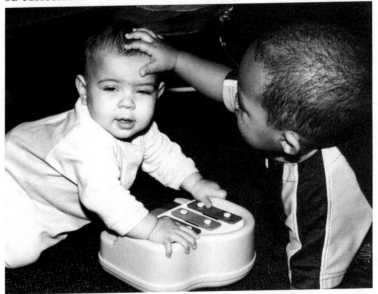

Examinan todo lo que pueden alcanzar, hasta el uno al otro.

Antes de caminar, los bebés se movilizan de distintas maneras. El gatear clásico es levantarse de manos y rodillas y moverse así. Ciertos bebés se levantan de barriga. Otros se paran con los pies y las manos y "caminan" como cachorritos. Cualquiera que sea el método de tu bebé, se encuentra feliz al poder, finalmente, desplazarse.

¿Sabías que la bebé necesita que le ayudes a aprender a gatear? No, no tienes que mostrarle cómo mover las piernas y los brazos. Pero sí es importante que le des muchas oportunidades de movilizarse. Eso significa no tenerla enjaulada en un corralito o meterla en una silla alta por largos ratos.

En vez de eso, ponla en el piso en una mantita. Vístela de manera que no se haga daño en las rodillas y déjala por su cuenta. Antes de que te des cuenta, se desplazará — ¡por toda la casa! Por supuesto que para entonces la casa tiene que estar a prueba de niños.

Cuando Lynn empezó a gatear, ya no podía sentarme a descansar sin observarla cuando estaba en el piso. No hace más que andar – ¡y yo igual!

Sheryl Ann, 17 – Lynn, 7 meses

Dos semanas atrás, Clark no gateaba, ¡pero ahora vuela por todos lados. ¡Qué cambio!

Kathleen, 18 – Clark, 7 meses; Aaron, 2 años

Responder para inspirar confianza

Jay es un bebé bueno. Llora sólo si quiere algo, si tiene los pañales sucios o si quiere comer. Tiene sus días inquietos, cuando sólo quiere llorar. Ayer fue uno de esos días.

Apenas llegué de la escuela empezó a llorar y no paró sino hasta las 10 p.m., cuando se acostó. Creo que le están empezando a salir los dientes. A veces es difícil tener un bebé.

Bev, 17 – Jay, 8 meses

Es importante responder al llanto de tu bebé lo más pronto posible. El dejarle saber que puede confiar en que vas a satisfacer sus necesidades no lo va a malcriar. Los bebés descontentos, insatisfechos, "malcriados" son, probablemente, los que ya saben que no pueden depender de la mamá para que los atienda cuando la necesitan.

He oído tantas veces que estoy malcriando a Buchanan. No soporto que me digan cómo tengo que criar a mi hijo. Yo no creo en eso de malcriar. Lo que quiero es que se sienta seguro, que sepa que estaré a su lado. Si llora es porque necesita algo. Quiero que sepa que si llora, estaré allí a su lado.

Camelia, 16 – Buchanan, 6 meses

Sigue cargando a tu bebé y mécelo. Ahora podrás hacer mucho más con él. Por lo general, esta etapa es una delicia para los padres.

A ciertos bebés les cuesta trabajo dormirse. Pueden inquietarse un rato antes de dormirse y eso está bien. Si la inquietud cambia a un fuerte llanto, por supuesto que es hora de hacer algo.

Durante la mayor parte de este período, el bebé puede estar contento casi todo el tiempo, igual que en el período menos activo de los primeros cuatro meses. Se sonríe y se ríe, imita lo que haces tú y, por lo general, lo pasa muy bien casi todo el día. Pero quiere verte cerca. Si mamá se aleja más de unas cuantas hora, la separación puede ser difícil tanto para ella como para el niño:

Me fui a las montañas tres días sin Lynn y fue muy duro. No podía divertirme realmente porque siempre estaba pensando en ella y si estaba bien. Yo sabía que estaba en buenas manos, pero aun así me incomodaba. Cuando regresé, ella no me apartaba de la vista.

Sheryl Ann

Le encanta jugar en el piso con mamá.

Esto no significa que es malo que te tomes cierto tiempo para ti. Significa que debes seleccionar con todo cuidado a la persona que va a cuidar a tu hijo en tu ausencia.

También debes estar preparada para un corto período de mayor dependencia de ti a tu regreso.

Los temores del bebé

A Haley le da miedo estar en alto. Mira de la cama abajo y le da miedo. Yo la tomo en brazos y la acaricio.

Shaquala

Ciertos bebés tienen temores bastante fuertes. A veces es la aspiradora. Puede ser la cortadora de césped/grama/zacate u otro ruido fuerte. Podría ser que no quiere saber de lugares nuevos o situaciones diferentes. Un viaje a la tienda lo puede irritar.

Si es la aspiradora, trata de usarla cuando está dormido. Mejor aún es dejarlo que explore la aspiradora antes de que la prendas. Entonces, llévalo en un brazo (amorosamente, sin refunfuño) mientras la usas unos minutos. Por supuesto, sin sobrepasarte, puede que acepte el ruido bajo estas condiciones.

A cualquier edad, trata los temores de tu hijo como lo reales que son. No importa en lo absoluto que tú sepas que "no hay nada que temer". La verdad es que él tiene miedo. Tienes que ayudarlo a enfrentar su miedo y no regañarlo.

La dentición

Cuando a Dale le empezaron a salir dientes, yo ni siquiera lo sabía. Se ponía de mal humor de vez en cuando, pero yo me creía que estaba cansado o algo así.

Arlene, 17 – Dale, 11 meses

A la bebé "promedio" (la tuya puede ser diferente), le salen los primeros dientes a los seis o siete meses. Probablemente le van a salir primero los incisivos inferiores. Entre los ocho y nueve meses, puede que tenga cuatro de los dientes superiores.

Ciertos bebés se sienten incómodos cuando los dientes les van cortando las encías. Otros parecen no molestarse, o molestarse poco. Una mamá dijo que ella supo que su hijo tenía ya dientes cuando oyó el traqueteo de la cuchara contra los dientes.

A Sujatha le están saliendo los dientes y no sé qué hacer. Hacemos todo lo que podemos y ella sigue llorando—excepto cuando le meto el dedo en la boca y le doy masaje en las encías.

Kimiko, 17 – Sujatha, 5 meses

Para ciertos bebés, la salida de los dientes es una experiencia dolorosa. Puede que quiera morder todo lo que ve. Dale

un chupador. Guarda varios en el congelador. Sin duda que
le va a gustar más el chupador frío.

*Robin tiene un diente que no le ha salido por completo. Me
tiene despierta por horas. Nada funciona. Le pongo loción
para dientes, o cubitos de hielo, pero nada le sirve.*

Melinda, 15 – Robin, 9 meses

Congela tajadas delgadas de melón cantalupo para tu bebé
en dentición, pero claro, sin semillas ni cáscara. El bebé
puede chupar el melón congelado y cuando se descongela,
puede tragárselo.

Puedes comprar loción para dentición, la cual le puede
aliviar un poco las encías doloridas. Aplícale un poquito en
las encías unos minutos antes de comer. Posiblemente le
quitará el dolor un poco, lo suficiente para que pueda comer
más tranquila.

*Conseguí un calmante para dentición y eso le sirve.
También le conseguí unos cuantos juguetes de morder.*

Shaquala, 17 – Haley, 9 meses

*La dentición fue realmente difícil porque a Shareef le
salieron cuatro dientes superiores al mismo tiempo. Metí varios chupadores en el congelador y se los daba cuando estaban
bien fríos. A ella le encantan esas nuevas cositas que vibran
cuando las muerde. El chupador y un trapo frío también le
sirvieron mucho.*

Adia, 17 – Shareef, 11 meses

La bebé a lo mejor babea mucho cuando le salen los
dientes. En ese caso, ponle un babero de tela de toalla.

Estos primeros dientes no son para masticar. No le van a
servir de mucho cuando trate de masticar. Todavía tendrá que
majar con la encía las cosas sólidas que tengan terrones. Pero
tratará de masticar el mamón/el chupete/la tetilla de
su mamadera.

Si le estás dando el pecho, puede que trate de morderte el pezón. Si el pezón está bien adentro de la boca, como debe estar para chupar, no puede morderlo. El único problema resulta cuando deja de mamar y decide jugar.

Si muerde, sácale el pezón de la boca con un "no" fuerte. Detente unos segundos aunque lloriquee porque le has quitado la comida. Entonces, si quiere comer, permíteselo. Pero no la dejes que te muerda. Muchos bebés amamantados aprenden a no morder con sólo uno o dos días de este procedimiento.

Si a tu bebé le da fiebre, no le eches la culpa a la dentición. Puede que se ponga de mal humor, hasta que tenga una fiebrecita si le molestan los dientes. Pero una fiebre "de verdad" (de más de 101°) quiere decir que está enferma. Una

A los seis meses, está contenta casi todo el tiempo.

fiebre indica que hay infección. Llama a tu proveedor de
atención médica. Cuida desde temprano de que no tenga
caries en esos dientecitos. Haz lo posible porque beba agua.
Eso es mucho mejor para los dientes que las bebidas azucaradas; y el agua también ayuda a enjuagar la boca de residuos
de leche y otros alimentos.

Evita los alimentos dulces. Durante este período debes
mantener caramelos y toda clase de dulces casi por completo
fuera de su alcance. Si no los conoce, no va a pedir comida
chatarra o basura a gritos. Igual se sugiere para con las sodas
o gaseosas y otros refrescos. Ni siquiera se los des a probar.
Sus dientecitos te lo van a agradecer.

Síndrome de biberón/mamila/mamadera

Hasta una mamila de fórmula puede ser un problema para
los dientes de la bebé. Es cierto que necesita mucho calcio
para que los dientes se desarrollen debidamente y se mantengan sanos. La mejor fuente de calcio es la fórmula (o la leche
materna). En esta etapa necesita unas 20 onzas de fórmula
diaramente.

Una mamila con fórmula es un problema si se le queda en
la boca cuando se duerme. La fórmula goteando en la boca
toda la noche cubre los dientes con una película de leche. La
fórmula, con lo nutritiva que es, tiene suficiente azúcar natural
para arruinar los dientes si se queda ahí hora tras hora.

Los dentistas ven a tantos niñitos con dientes frontales
dañados que le han dado nombre a esta condición: síndrome
de biberón/mamadera/mamila.

Si la bebé quiere un biberón a la hora de acostarse, lo
mejor es llenarlo de agua. Los jugos de frutas son aún peores
que la fórmula porque tienen más azúcar. Si lo que quiere es
mamar a la hora de dormir, puede hacerlo con la mamila o con
un chupete/mamón/consuelo.

Una mamadera con fórmula a la hora de acostarse puede
convertirse en un hábito difícil de cambiar. Si la tienes en

brazos cuando toma su mamila a esa hora, no necesita más fórmula en la cama. Cuando sea lo suficientemente grande para llevarse a la cama la mamila por sí misma, siempre dale agua. Así no correrá el riesgo de adquirir el síndrome de biberón/mamadera/mamila.

¡Tremendos cambios ya!

Tu pre-párvulo ha cambiado tremendamente en estos ocho meses. Cuando se sienta, posiblemente se para, tal vez se escurre por el piso, a lo mejor te parece que ya se mete por todos lados. Pero sorprendentemente pronto estará caminando y luego corriendo. Seguirla será — ya lo es — un reto emocionante. *¿Lista?*

Cubiertas protectoras en tomacorrientes o enchufes eléctricos sirven

9

A prueba de accidentes en casa

- Los accidentes a menudo son mortales
- Se empieza en la cocina
- La estufa de gas es riesgosa
- Otros peligros
- Posibles peligros en todas las áreas
- A prueba de accidentes afuera
- ¿Es pintura sin plomo?
- Seguridad en el auto
- La seguridad es una gran responsabilidad

Tengo un candado en la puerta debajo del fregadero para que Gary no se meta allí.

Jan, 15 – Gary, 12 meses

Mi mamá siempre me ha dicho que no ponga jabones y otras cosas en un aparador bajo, así que por eso los pongo en alto, arriba de la estufa.

Olivia, 20 – Henry, 11 meses

Leon empuja una silla hasta el mostrador y se trepa en el aparador alto para buscar golosinas. Yo tengo vasos allí, así que supongo que tendré que trancar las puertas. A él lo mantengo fuera del baño.

Tamera, 21 – Leon, 10 meses;
DeeDee, 4 años

Los accidentes a menudo son mortales

Una vivienda a prueba de accidentes es absolutamente indispensable si tienes un bebé, párvulo o preescolar en residencia. Los accidentes causan lesiones o muerte a muchos niños pequeños todos los años. La verdad es que los accidentes son la causa principal de lesiones y muerte para el grupo de esta edad – miles resultan lisiados permanentemente o muertos todos los años. Mantener a tu criatura sana y salva es uno de los mayores retos que se te presentan.

Las causas principales de accidentes mortales para niños menores de un año son sofocación y asfixia. Autos, fuegos, ahogamiento y envenenamiento son causas de la mayoría de los accidentes mortales entre párvulos y preescolares. Las caídas causan un cuarenta por ciento de las lesiones que sufren los niños pequeños.

Advertencia

Nunca dejes a un bebé solo en una mesa de cambiar, cama u otra superficie alta, ni por un segundo. El bebé que ayer no se podía voltear a lo mejor lo puede hacer hoy.

Cuando visites a tus amistades, pon en el piso una mantita para la bebé. Allí puede dormir igual de bien que en su cuna y va a estar más a salvo. No se puede caer del piso. Pero eso sí, asegúrate de que va a estar protegida de mascotas y niños pequeños.

Tu bebé no debe tener almohada en la cuna. Una almohada podría causarle problemas para respirar si se cubriera la cara con ella. Si la abuelita le hizo una linda almohadita bordada, apréciala, pero no se la pongas en la cuna.

Acuesta siempre a la bebé boca arriba hasta que se pueda voltear sola. Así hay menos peligro de SIDS (las siglas en inglés para "síndrome de muerte infantil repentina").

Un biberón recostado o apuntalado es peligroso para los bebés. Una bebé se puede asfixiar porque la fórmula sale múy rápido de una mamadera en esa posición. También se puede asfixiar con cuajarones de leche si los escupe. A lo mejor no se puede clarear la garganta.

Se empieza en la cocina

El peligro se multiplica rápidamente cuando la criatura empieza a gatear y luego a caminar. La casa a prueba de accidentes es ahora más importante porque se puede meter rápidamente en situaciones peligrosas.

La cocina es un maravilloso laboratorio de aprendizaje para bebés y párvulos. La seguridad del bebé en ese medio es un reto importante. Los peligros de la cocina incluyen:

- artículos de limpieza (No los mantengas en el armario debajo del fregador o fregadero.)
- cuchillos
- rallador o raspador de legumbres
- punzón para hielo • tenedor de cocina
- o llas, cacerolas y peroles calientes (Que las asas den a la parte trasera de la estufa.)
- cordones de cafetera, tostadora y otros aparatos electrodomésticos
- plancha y tabla de planchar (Plancha cuando el bebé esté dormido y guarda la tabla y la plancha apenas termines.)
- estufa de gas con controles al alcance del bebé

Durante los años de infancia y niñez temprana de tu hijo, es terriblemente importante que pongas todos los artículos peligrosos en un armario alto. Aún allí, si es trepador, debes usar un cierre seguro.

Advertencia

Si el bebé mete las manos en detergente de lavar platos, seguramente se meterá los dedos en la boca, como siempre. El detergente de lavar platos es sumamente fuerte y le puede quemar la boca de mala manera. ¡No permitas que esto suceda!

Los párvulos pueden abrir la llave/el grifo de agua caliente. Asegúrate de que el agua no esté tan caliente como para escaldar o quemar.

Cuando tu hijo tenga un pequeño accidente, como quemarse un poquito los dedos al tocar la estufa, ayúdale a entender lo que ha sucedido. No digas cosas como "la estufa es mala" por quemarlo y no arregles las cosas con unas cuantas galletas. Claro que debes compadecerte y ponerle hielo en la quemadura. Además, explícale que si toca la estufa cuando está caliente, se va a quemar.

La estufa de gas es riesgosa

Si vas a comprar estufa, tal vez puedas conseguir una con controles arriba en la parte trasera. Si los controles están al alcance del bebé, tendrás que estar atenta en todo momento para que no encienda un quemador. Una estufa de gas sin piloto es sumamente importante en una casa donde hay niños pequeños. Si se da vuelta al botón y no se enciende, el gas sin quemar se esparcirá por el cuarto. Esto puede causar una explosión o asfixia (cuando una persona deja de respirar).

Si tienes un calentador de gas, consigue a alguien que te ayude a chequear si tiene una válvula de seguridad que corta el gas si el piloto se apaga. Si no tiene esa válvula y el piloto se apaga, el gas que se escapa sin quemarse es tóxico y puede causar una explosión.

No se debe dejar al bebé en una habitación donde haya un calentador de gas sin respiradero porque el gas (quemado o sin quemar) se va a quedar en el cuarto en vez de salir por una chimenea o tubo de escape. Llama a tu compañía de gas si no sabes si tu calentador tiene respiradero. Por el mismo motivo, no debes calentar una habitación abriendo la puerta del horno de una estufa de gas.

Si alguna vez sientes olor de gas en casa, llama a la compañía de gas inmediatamente. En casi todas partes, mandarán a un técnico a chequear sin costo alguno para el cliente.

Otros peligros

Sonja tira del mantel. Si fuera mi casa, yo no pondría man-tel en la mesa. Me dicen que los niños tienen que aprender a no tocar. Yo creo que uno no puede hacer eso con los bebés.

Julie, 16 – Sonja, 7 meses

Para un bebé que gatea, los manteles son para tirar de ellos. Si hay comida caliente, o platos vacíos que se caen con el mantel, los resultados pueden ser desastrosos. Hasta los mantelitos individuales pueden causar grandes problemas. Nuestro segundo hijo, a los once meses, tiró de un individual una mañana de invierno. El café caliente recién servido le cayó encima. Las quemaduras de Steve necesitaron tratamiento de urgencia en el hospital.

Tú sabes que a tu bebé le gusta jugar cosas como "hurtadi-llas" o "te veo y no me ves" con una mantita sobre la cara. Si encuentra una bolsa de plástico liviano, puede hacer la misma cosa con ella. Si lo hiciera, podría sofocarse o asfixiarse en pocos minutos. El plástico se le pegaría a la cara y no podría respirar. Ten cuidado de no dejar plástico de esta clase al alcance de tu bebé. Corta y descarta tales bolsas de inmediato, especialmente las que vienen con la ropa de la tintorería.

Aunque des llave a todas las medicinas, tal vez convendría que el baño fuese un cuarto de entrada prohibida para tu bebé. Si no puede abrir la puerta por sí misma, mantén la puerta cerrada en todo momento. Aun así, debes mantener todo a salvo porque sin duda ella encontrará la manera de entrar allí de cuando en cuando.

Durante el período en que se está estirando para erguirse, ten especial cuidado para tener la puerta del baño cerrada. Es posible que una niñita se levante apoyada en el inodoro, que pierda el equilibrio, caiga en la taza y se ahogue.

Llegará el día en que entre al baño sola. Hasta puede que tranque la puerta. Una cerradura que se pueda abrir desde afuera puede solucionar el problema. Coloca la llave donde la puedas alcanzar rápidamente.

Los juguetes de la hermanita mayor pueden ser peligrosos
para el bebé.

Podría ser acertado que pusieras una cerradura de pestillo
u otra que no pueda abrir en la parte de afuera de la puerta del
baño; y bien alta para que no la pueda alcanzar. Así sabrás que
el bebé no puede entrar.

Posibles peligros en todas las áreas

Tuve que comprar una rejilla para bloquear la escalera
cuando Donovan empezó a gatear. Tapamos todos los
enchufes y tranqué las puertas de los baños porque él se
metía allí y bajaba la cadena del inodoro una y otra vez.

Belia, 17 – Donovan, 2

Las escaleras son un peligro obvio para los niños que
gatean o hacen pininos. Una rejilla arriba y una abajo es una
solución al problema. La de abajo se pone en el segundo o
tercer escalón, no en el primero. Así el bebé puede practicar a
subir un par de pasos y luego a bajar. La distancia no es tanta
para que se haga daño si se cae, especialmente si hay una
alfombra suave abajo.

Donde vivo, tengo que estar al tanto constantemente.
Quentin (el tío de Heidi) deja tornillos y cosas regadas en su

recámara. Varias veces le he pedido que las recoja pero no lo hace. Me enojo mucho con él y le grito.

Jenny, 18 – Heidi, 13 meses

Otro cuarto que tal vez debes cerrar, posiblemente con una rejilla, es donde juega un hermanito o una hermanita mayor. La curiosidad del bebé podría causar muchos problemas innecesarios con la mayorcita. Si ésta es apenas unos años mayor, no se puede esperar que ella entienda completamente lo que significa "a prueba de niños". Además, tampoco se puede esperar que quiera compartir sus cosas, especialmente sin su permiso.

Si tienes una chimenea u hogar, un calentador abierto, un registro de calor, o un calorífero de piso, coloca protección frente a tal artículo o por encima del mismo. Utiliza los muebles para bloquear los radiadores.

¿Ha aprendido tu niño/niña a abrir las puertas? Como ya se ha dicho, lo mejor es poner cerradura, de pestillo o de una clase que no pueda abrir, y bien alto para que ni siquiera la pueda alcanzar. Tienes que buscar la manera de mantener las puertas cerradas si éstas dan a las escaleras, entradas de autos y ciertas áreas de almacenamiento.

Las ventanas y rejas deben estar muy bien cerradas. Si la casa tiene verjas en las ventanas, las mismas deben ser de las que se pueden abrir desde adentro.

¿Tienes una puerta para mascota, una puertecita que el perro o el gato puede abrir? Si es lo suficientemente grande para tu bebé, ¡no dudes que la va a usar!

A prueba de accidentes afuera

Si tienes piscina, alberca o pileta, ten todo cuidado para que siempre esté cercada y trancada con llave. Es una verdadera tragedia, pero todos los años muchos niños pequeños se ahogan en la piscina de casa.

Si vives en un edificio de apartamentos que tiene alberca y ves la puerta abierta, repórtalo a la administración. Una

criatura y una pileta pueden ser una combinación mortal.
Un patio cercado es un lujo maravilloso para una criatura y
sus padres. Si tienes la suerte de tener uno, disfrútalo pero no
le quites los ojos de encima cuando juega allí.

Los patios, cercados o sin cerca, y los garajes también
tienen que estar a prueba de niños. Inspecciona para que no
haya desperdicios, insecticidas, aguarrás y otros venenos.
Deshazte de los mismos o mantenlos bajo llave. Clavos,
tornillos y otras piezas de ferretería, piezas de auto,
herramientas y equipos de jardinería se deben guardar a
difícil alcance o bajo llave en el garaje.

También debes descartar muebles oxidados o en mal
estado. Chequea hamacas, columpios y otros aparatos de
juego con regularmente para seguridad.

*Una vez, hace un año o dos, Dalton se cayó de una silla de
patio y se dio un golpe en la cabeza contra el pavimento y se
hizo tres chichones. Lo llevamos a urgencia, pero estaba bien.*

*Él había estado meciéndose en la silla y yo le había dicho:
"Si te sigues meciendo te vas a caer". Y se cayó.*

Claire, 17 – Dalton, 33 meses

No debes ser demasiado protectora como para que tu
criatura tenga miedo de trepar algo. Lo más sensato sería, en
un caso así, que lo quitaras de la silla movediza.
Entonces se le explica por qué no quieres que esté en la silla.
Esto da mejor resultado que decir, de mal humor: "Si te sigues
meciendo te vas a caer".

Ciertas plantas son venenosas, por ejemplo, la flor de
navidad o poinsettia, el ricino o higuera infernal y la adelfa.
¿Tienes arbustos u otras plantas peligrosas para tu hijo/hija?
Chequea todas las plantas que haya dentro de la casa.

Un hermoso rosal también puede ser peligroso si la
criatura se pone en contacto con las espinas. Una cerca
temporal, pero fuerte, alrededor del rosal puede ser buena
protección para el bebé y además, protege las rosas.

¿Es pintura sin plomo?

¿Hay en tu casa muebles, paredes o revestimientos de madera pintados antes de 1970? Si la pintura contiene plomo, puede ser peligroso si el bebé mastica la superficie pintada o si la pintura se pela y él se mete pedacitos en la boca. Puede envenenarse con plomo, un problema serio para los bebés y los niños.

Aunque las capas más recientes de pintura en casas viejas probablemente no contienen plomo, las astillas pueden incluir las capas de abajo con pintura que contiene plomo. Muchos niños se comen esos pedacitos de pintura y emplasto. Por lo visto, son dulces y del gusto de los niños.

Platos de cerámica vidriada importados de otros países pueden tener plomo en el vidriado, plomo que puede contaminar la comida que se cocine o se sirva en el plato.

Si los niños ingieren demasiado plomo, se les notan señas de envenamiento con plomo. "Demasiado" para un bebé puede ser un poquitito de pintura. La criatura se puede poner anémica y perder el apetito. Puede estar desganado o hiperactivo e irritable. Puede dificultársele el aprendizaje, puede sufrir convulsiones y daño cerebral permanente a causa del envenanamiento.

Si sospechas que se trata de envenenamiento, consulta con el proveedor de atención médica. Con una sencilla prueba de sangre, se puede constatar la condición. Si ha ocurrido, el médico puede recomendar algún tratamiento para deshacerse de gran parte del plomo extra en el cuerpo de la criatura para que no tenga los problemas antes descritos.

Seguridad en el auto

Por supuesto que vas a hacer todo lo posible por que tu hijo o hija no se vaya a la calle. Pero, ¿sabías que más niños sufren accidentes dentro de autos como pasajeros que afuera como peatones?

Los accidentes de tránsito son la causa principal de

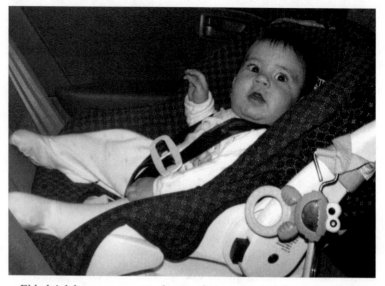

El bebé debe estar asegurado con el cinturón cuando va en el auto.

muertes infantiles una vez pasados los primeros meses críti-
cos. Se llevan más vidas que cualquier enfermedad. Además,
cientos de miles de niños resultan lesionados anualmente.
Muchos quedan permanentemente discapacitados, de manera
física y/o mental.

Puedes proteger a tu niño de daños mientras viaja en el
auto llevándolo en un asientito de seguridad aprobado, no en
una cunita para auto.

Para los muy pequeñitos, necesitas un asientito en que
el bebé dé para atrás en posición semi-reclinada. El asientito debe quedar asegurado firmemente con el cinturón de
seguridad del auto. Los niños deben viajar en un asientito que
dé para atrás hasta que cumplan un año y pesen por lo menos
veinte libras.

Cuando selecciones un asientito para párvulos y niños un
poquitito mayores, también debes tener cuidado de que se
puedan asegurar con el cinturón de seguridad del auto. En casi
todos los estados, los bebés y los párvulos tienen que ir, por
ley, asegurados en un asientito de auto cada vez que van

en el vehículo.

Claro que un asientito de auto es seguro sólo si la criatura se asegura con el cinturón. Cuando el párvulo se retaca, tú tienes que ser firme. Ponle el cinturón sin comentarios, y que chille cuanto quiera. La criatura tiene que saber que tú y cualquier otro pasajero también se pone el cinturón.

La seguridad es una gran responsabilidad

Tú puedes hacer todo lo posible para poner la casa a prueba de niños, pero ¿qué tal el peligro que puede haber fuera de casa? ¿Puedes hacer algo al respecto? Samantha tiene ideas muy precisas sobre el asunto:

Ahora con una hija, a mí no me pescan en fiestas, ni fumando. Tenerla me cambió. Ciertas muchachas con dos o tres hijos dicen que aún están en sus pandillas y se enorgullecen de eso. Si estás en una pandilla, eres blanco para las balas y tu hijo también.

Si alguien le hiciera algo a mi hija, o si yo estuviese en el lugar equivocado en un momento equivocado, y empezara la balacera, yo cubriría a mi hija. Los dejaría que me pescaran a mí antes que a ella.

Muchos me han dicho: "debes meterte en una pandilla". ¿Para qué? ¿Para quedar lisiada? Yo quiero poder correr con mi hija, poder divertirme con mi hija.

Samantha, 16 – Kaylie, 20 meses

Velar por la seguridad de tu hijo en casa, en el auto, dondequiera que vaya, es una gran responsabilidad. Crear un ambiente seguro que al mismo tiempo le permita explorar y aprender acerca de su mundo es un doble reto con recompensa doble.

Vas a tener más paz mental al saber que tu criatura no está en peligro y te deleitarás con el individuo listo y feliz que es.

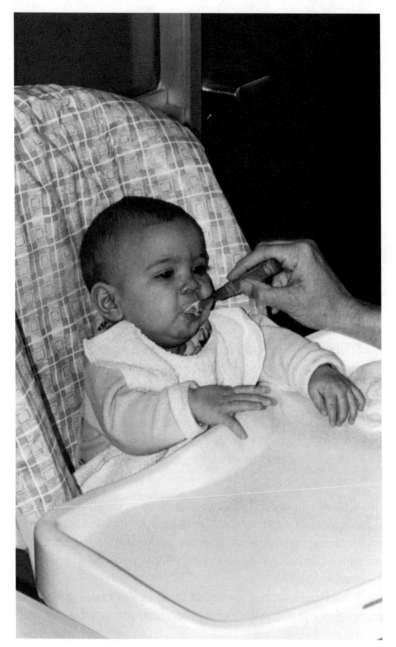

A los seis meses ya puede comer comida sólida.

10

Las primeras comidas sólidas del bebé

- **La comida sólida no se debe apresurar**

- **Comidas sólidas para los seis meses**

- **Legumbres y frutas para el bebé**

- **Lo puedes preparar tú misma**

- **Cocinar y congelar**

- **Comida de mano para el bebé**

- **Beber de una taza**

- **Cuando come solo**

Esperé como cinco meses para darle comida sólida a Nick. Le gusta el pecho después de comer y entonces se duerme. Yo goteaba y quería amamantarlo pero en este momento me parece que es mejor darle algo sólido primero.

Le doy cereal por la mañana y después lo traigo aquí al centro donde le doy el pecho.

Theresa, 16 – Nick, 6 meses

Aso hamburguesa y la pongo en la licuadora con un poquito de fórmula. Cuando hay pollo para la cena, licúo un poquito o si no, le doy el muslo para que lo masque.

Julie, 16 – Sonja, 7 meses

La comida sólida no se debe apresurar

Tu bebé no necesita comida sólida y por lo general no se le debe dar antes de los cuatro o cinco meses. Durante este tiempo, a casi todos los bebés les va bien con leche materna o fórmula. Si le das comida sólida antes de tiempo, tiene más probabilidad de

- desarrollar alergias a alimentos.
- tener problemas digestivos.

Dar alimento sólido a un bebé pequeñito por lo general toma tiempo y muchas veces frustra a la madre y al bebé. ¡La mamá le mete una cucharadita en la boca y el bebé escupe todo inmediatamente! Antes de los cuatro meses, el bebé tiene bien desarrollado el reflejo de chupar. Chupa antes de tragarse la fórmula o la leche materna. Cualquier cosa que se le ponga en la boca sale disparada. A esto se le llama el reflejo de protrusión.

Alrededor de los cuatro meses, este reflejo de protrusión ya no existe y el bebé va aceptar más fácilmente algo de alimento en en la lengua. Puede tragárselo en vez de hacerlo salir. Es como si dijera los primeros meses: "¡Mamá, no quiero comida sólida!"

Además, si compras comida de bebé (etapa 1), el costo puede ser alto, muy alto si se toma en cuenta que ese dinero gastado no beneficia en nada al bebé los primeros meses. Entonces, ¿por qué tantas madres dan cereal y otros sólidos a sus bebés tan pequeñitos? Tal vez lo hacen por distintos motivos. En primer lugar, puede que crean que el cereal por la noche lo va a hacer dormir toda la noche. Distintos estudios sencillamente indican que esto no es cierto.

A veces alguien a quien uno quiere, tal vez tu propia mamá, te apremia a que empieces a darle de comer temprano. Los estudios que indican que es mejor no dar alimento sólido al bebé muy temprano son relativamente recientes. Una o dos generaciones atrás, ni los médicos ni nadie más se daba cuen-tan cuenta de que el alimento sólido muy temprano puede cau-

sar – y a menudo causa—alergias y problemas estomacales.
Cuando mis hijos eran bebés, creíamos que teníamos que
darle cereal a las pocas semanas de nacido. El resultado es
que Steve, uno de mis hijos, tiene muchísimos problemas
alérgicos. Tanto a Steve como a mí nos hubiera gustado que
yo supiera esto entonces para demorar la comida sólida.

Hasta el médico podría decirte que está bien empezar
a darle comida sólida a tu bebé bien pequeñito. Si esto
sucediera, háblale. Ciertos proveedores de atención médica
consideran que todas las madres quieren apremiar el alimento
sólido. Después de hablar con el médico, puede ser que tanto
él o ella y tú estén de acuerdo en que el bebé no necesita
comer cereal todavía y que está bien esperar hasta los
cuatro meses.

Comidas sólidas para los seis meses

*Le di a Sujatha cereal de bebé y frutas y jugos a los cinco
meses. Empezó con cereal de arroz, pero no le gustó la
primera vez. Hizo un reguero enorme –metía las manos en
el plato cuando yo le estaba dando de comer.*

Kimiko, 17 – Sujatha, 5 meses

Lo ideal, entonces, es que no des nada sólido a tu bebé por
lo menos cuatro meses. Pero es importante que le empieces a
dar comida por cucharadita y cosas que pueda comer con las
manos para los seis meses. Los motivos para darle alimento
sólido para los seis meses incluyen:

• Necesita nutrientes que no obtiene con sólo la leche
materna o la fórmula.

• Tiene que aprender a comer comida sólida, un proceso
completamente distinto del de chupar para comer.

• De cuatro a seis meses paraece ser la edad ideal para que
el/la bebé aprenda este nuevo método de comer. Para este
momento es también importante que aprenda a comer más
variedad de alimentos.

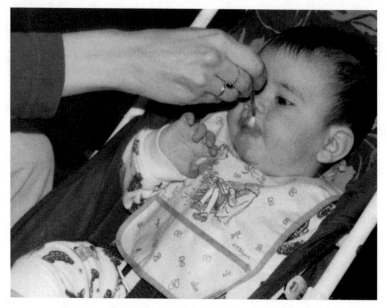

Comer es asunto de importancia.

Empieza con cereal de arroz, del seco, enriquecido con hierro, que se compra en un paquete. El arroz es menos propenso a causar alergias que otros cereales como el trigo. Nunca debes empezar con cereales mezclados porque así no puedes saber, si le da alergia a uno de los ingredientes, cuál es.

Mezcla el cereal con un poquito de fórmula. Si estás dando el pecho, puedes sacarte un poquito de leche para mezclar el cereal. Tendrá más disposición para aceptar el cereal si tiene el olor y algo del sabor de la fórmula o la leche. Al principio, debes mezclarlo con mucho líquido para que quede bien aguado.

Escoge con cuidado el momento "oportuno" para enseñarle a comer comida sólida. No intentes hacerlo por primera vez cuando tiene muchísima hambre. Se enojará terriblemente por el atraso en que le den el biberón o el pecho que quiere.

Tiene que tener hambre moderada o no le interesará para nada probar esta nueva comida. A mitad de la mamila o de la lactancia es el mejor momento para hacerlo.

Una cucharita angosta, un poco hundida, con un mango largo es lo mejor para estas primeras comidas. Para un bebé, una cucharita normal es como una cuchara grande para los adultos. (Haz la prueba. Vas a ver por qué necesita una cucharita del tamaño de su boquita.)

Si la bebé aún no se sienta sola, siéntala en tu regazo o su sillita para esta primera experiencia de comer sólido. Tiene que estar un poquito más erguida que para tomar el pecho o la mamila.

¡Lo siguiente es que tú te relajes! Si no quiere el cereal la primera vez, está bien. Haz el intento otra vez mañana—y el día siguiene y el siguiente. Si aún lo resiste, espera unos cuan-tos días antes de intentarlo otra vez. Si traga un poquito del cereal, felicítala. Alégrate mucho. Muéstrale que estás contenta. Si no se lo come, no le pongas mucha atención al asunto.

Aviso

Hay quienes a veces mezclan cereal con fórmula y se lo dan al bebé en un biberón. ¡No lo hagas tú! La bebé tiene que aprender a comer con una cuchara. Un alimentador infantil que prácticamente le "inyecta" la comida en la boca también es malo. No lo compres.

Que tome fórmula y agua del biberón. Enséñale que la comida sólida se come con cuchara. Poco después va a aprender sobre las cosas que puede comer con la mano.

Legumbres y frutas para el bebé

Empieza a darle legumbres, frutas y jugos al bebé entre los cinco y siete meses. Tradicionalmente, a los bebés se les da un colado o una papilla de frutas blancas, de manzana o de pera, por ejemplo, tal vez porque a todos los bebés les gusta el sabor. Después del sabor dulce de las frutas, las legumbres tal vez no le van a gustar. Podrías empezar con calabaza, camote, batata o papa dulce, o zanahoria.

La banana majada también es un buen primer alimento sólido para el bebé. A casi todos los bebés les gusta y es sumamente fácil de majar a la consistencia deseada. ¡No tienes que comprarla preparada!

Si decides comprar alimento de bebé de "Stage 1/Paso 1", lee bien las instrucciones antes de comprar. Elige frutas básicas, legumbres y carnes coladas.

No compres comidas combinadas porque así hay menos proteína por porción que cuando tú misma mezclas un tarrito de carne con uno de legumbres.

Si la etiqueta dice que contiene mucha azúcar y almidones/féculas modificadas, no lo compres.

No le des postre porque el/la bebé no lo necesita, como no lo necesitamos los demás.

Lo puedes preparar tú misma

Ya come comida de verdad – pollo, legumbres, zanahorias. Yo las cocino al vapor y las muelo o las majo. Come comida de mesa, como McNuggets de pollo. Come con nosotros cuando comemos afuera.

Ynez – 16 – Lenny, 7 meses

Preparar la comida para el bebé es fácil. Si tienes licuadora, úsala. O si no, puedes comprar una moledora para comida de bebé por poco dinero. Así puedes prepararle comida por poquitos. Para preparar grandes cantidades es más fácil con la licuadora y es mejor durante el corto período en que necesita alimento colado muy blando de "Stage 1/Paso 1".

Cuando se hierven los alimentos, se pierden muchas vitaminas importantes. Cocinar al vapor conserva más las vitaminas. El alimento se mantiene sobre agua hirviendo para que se cocine sólo con el vapor.

Una vaporera se consigue en casi todas las tiendas y cabe en muchas ollas. Tienes que usar una olla/cacerola con una tapa que le embone bien. Muchos adultos prefieren alimentos cocinados así porque retienen más del sabor natural.

Si cocinas para toda la familia, ten cuidado de sacar la porción del bebé antes de echar sal, azúcar u otros condimentos. La criatura no lo va a notar. Las ganas de sal extra se adquieren al comer comida muy salada. No condimentes la comida de acuerdo con tu gusto. Estás preparando la comida para ella y no para ti.

Demasiada sal en la dieta puede causar numerosos problemas de salud, inclusive la hipertensión o alta presión. Comer mucha azúcar puede causar ansias de dulces y eso es malísimo para los dientes. Evítale esos problemas usando tan poca sal y azúcar como te sea posible para su comida.

Si puedes, empieza con la comida familiar. Si van a comer legumbres, muele un poquito (sin condimentar) en la moledora. Tal vez van a comer una carne que se puede licuar. ¿Te gusta la salsa de manzana? Si es así, compártela con tu bebé.

Cocinar y congelar

Si las comidas familiares no son apropiadas para la bebé, puedes prepararle su comida en poco tiempo. Lo mejor es cocinar y congelar anticipadamente. Puedes ver unas recetas en la página 144.

No hay más que vaciar el alimento preparado en una cubeta de hielo. Congela rápidamente, con proteínicos, legumbres y frutas por separado. Después, guarda los cubitos en bolsas plásticas para congelar o en recipientes para uso repetido. No te olvides de poner una etiqueta con fecha en cada bolsa y usar el contenido en un lapso de dos meses.

Planeando un poquito, puedes tener una buena variedad de comida en el congelador. Si durante una semana preparas una legumbre distinta todos los días para la cena familiar, cocina el doble de lo que necesitas. La cantidad extra se prepara para el/la bebé y se congela. Haz igual con las frutas. Es muy posible que esto te parezca más fácil que ir a la tienda a cada rato a comprar tarritos de comida para bebé.

Recetas para bebés
Fruta cocida

- Se lavan, pelan y parten en trocitos las manzanas, los duraznos, melocotones o chabacanos, las peras, las ciruelas o los albaricoques o damascos. Se quitan las pepas (huesos, cuescos, carozos).
- Se cocina a fuego lento o al vapor hasta que ablanden (10 – 20 minutos). No se le echa azúcar.
- Con la moledora o en la licuadora, mezcla hasta que todo quede blando.
- Se puede comprar fruta enlatada en agua o en su propio jugo, sin azúcar. Se prepara como se indica arriba.

Legumbres cocidas

- Las legumbres picaditas se cocinan a fuego lento en una pulgada de agua, o al vapor hasta que ablanden.
- Se majan o se licúan las legumbres.
- Se le añade agua del cocimiento a la mezcla para que quede de la consistencia deseada.
- También se pueden comprar legumbres enlatadas en agua y sin condimentos. Se preparan como se indica arriba.

Carne para el/la bebé

- Se usa carne de la que se ha cocinado para la familia.
- Se licúa hasta que quede de consistencia blanda.
- Se le añade un poquito de agua, caldo o jugo, según sea necesario.

*Fruta sin cocinar

- Se lava y se pela una manzana, una pera, un durazno, melocotón o chabacano, o un albaricoque o damasco.
- Se le añade un poquito de agua. Se licúa.
- * IMPORTANTE: Darle esto sólo después de los seis meses.

Cuando vas a servir los cubitos, descongélalos en un recipiente de calentar o en un escalfador de huevos sobre agua caliente. El tamaño de estos escalfadores individuales es conveniente para esto y el aparatito es relativamente barato.

No tienes que calentar la comida a más de temperatura ambiente. Las papilas gustatorias del bebé no están totalmente desarrolladas y lo que te puede parecer tibio a ti le puede parecer muy caliente a la criatura.

Si esperas hasta los seis meses para darle alimento sólido, necesitas alimento colado/Stage 1/Paso 1 sólo un par de meses. Para los ocho meses, ya puede comer comida de la mesa, casi toda majada.

Aunque no quieras licuarle la comida tú misma, no debes comprar tarritos de Stage 2/Paso 2 ni de Stage 3/Paso 3. Darle de comer de la comida familiar representa tan poca molestia para ti y es mejor para el bebé. No tienes más que pasar la comida por la moledora hasata que esté en condiciones de masticar la comida normal.

Comida para estudiar con la mano – y para comer.

Al principio, dale sólo una comida nueva por semana. Si es alérgico a eso, si le da una erupción o parece tener problemas digestivos, es seña de que tal alimento puede ser la causa del problema. Si le das un alimento nuevo todos los días, no tendrás idea de cuál es el que hay que eliminar.

Comida de mano para el bebé

Dale comida que pueda comer con las manos apenas pueda manosear. Para los seis o siete meses puede agarrar pedacitos de bananas o Cheerios. Poco después podrá agarrar galletas graham, pedacitos de pan tostado, galletitas de dentición y hasta uno que otro pedacito de carne o queso.

Los Cheerios sin dulce son maravillosos como primera comida. La criatura va a tomar uno en cada mano, lo va a mirar y luego se lo mete en la boca. Este cereal contiene algo de nutrición y, lo más importante, es muy bajo en azúcar.

No le des cereales azucarados. Tales "cereales" deberían llamarse dulces para desayuno. ¡Algunos contienen más de la mitad de azúcar!

Tu bebé probablemente podrá:

• sostener y mascar una galletita de dentición para los cinco meses.

• manipular pedacitos de yema de huevo duro (no la clara) para los seis meses.

• comer cereales secos no azucarados, pan ligeramente tostado, tostada francesa, pedacitos de zanahorias y papas cocidas, guisantes/judías/ejotes sin la vainita, hasta sándwiches de embutido de hígado picadito, para los siete meses.

Todo esto lo puede manipular solo, puede comerlo con las manos y los dedos.

Beber de una taza

Estoy tratando de darle un biberón a Orlando de vez cuando pero no lo quiere. Ya anda bien con una taza. La sostiene y se la lleva directamente a la boca aunque su coordinación no está perfeccionada todavía.

Holly, 17 – Orlando, 5 meses

A los cinco o seis meses, ofrécele fórmula o jugo en una taza. Puedes comprar una taza con tapa y pico como puente entre mamadera y taza. Poco después podrá beber un poquito de fórmula, agua y jugo de la taza directamente.

Nick está aprendiendo a beber de una taza. Ayer le di su tacita de aprendizaje y ya está aprendiendo a usarla. Come tortillas de harina. Come galletas y las sostiene él mismo.

Theresa, 16 – Nick, 6 meses

Cuando come solo

Aprender a comer comida sólida es un hito emocionante para tu bebé y para ti. Siempre y cuando no apresures el proceso, ambos pueden disfrutar de la experiencia.

Durante dos o tres meses, prepararle la comida (o tal vez comprar tarritos de Stage1/Paso 1) es otra tarea que te da tu bebé. Darle de comer proporciona cierta unidad. Es importante que la hora de comer sea placentera.

A veces no va a querer la comida nueva que le das...tal vez porque no tiene hambre, o porque no le gusta. Éste no es el momento de forzarlo para que coma. De hecho, insistir en que coma cuando no quiere no es nunca lo más acertado (a no ser que sea por razones médicas).

Éste es el momento de empezar a aprender que muchos alimentos son buenos. También aprende que comer puede ser un momento cariñoso, ya sea que tome el pecho, beba de una mamila o coma comida sólida.

Para los ocho meses, podrá comer frutas y legumbres, pan y cereales y algo de la carne que comes tú. Por supuesto que tienes que majarle o picarle bien lo que come un tiempo más, pero no tiene que ser todo bien blandito – y no tendrás que comprar tarritos de comida para bebé. Al mismo tiempo, aprenderá a comer comida "de verdad".

Tu bebé está creciendo rápidamente – ¡pronto empezará a andar!

Le encanta que juegues con ella.

11

Jugar con tu bebé

- **Los juguetes sencillos son los mejores**

- **Hora de juegos**

- **¡Ni andadera ni corralito!**

- **Le gustan los espejos**

- **Escucha y "habla"**

- **Continúa hablándole al bebé**

- **Leer es importante**

- **La autoestima es crítica**

Lo que me gusta de él es que es divertido. Es muy juguetón con casi todo. Juegas con él un poquitito y se sonríe muchísimo. Siempre tiene la cara sonreída. La gente dice que se parece a mí.

Me gusta llevarlo al parque cuando voy allá a jugar balonmano con mis amigos. Todos los días vienen a casa tres o cuatro de mis amigos. Me ayudan mucho.

Andy, 17 – Gus, 5 meses

Juego con Orlando – palmoteo, juego a las tortitas, le canto, le hablo. Ya levanta la cabecita. Todavía no le gusta jugar solo, así que me echo al piso con él. Juega con los pies cuando está en su asientito. Le encanta mascar porque le están saliendo los dientes. Se agarra muy bien de las cosas y lo masca todo.

Holly, 17 – Orlando, 5 meses

Los juguetes sencillos son los mejores

Buchanan tiene juguetes y le gusta jugar solito. Se siente así de seguro. Yo juego con él a veces, pero también quiero que tenga su propia independencia. Ya se lo he visto.

Camelia, 16 – Buchanan, 6 meses

Tu pequeñita a veces puede jugar sola hasta por una hora si mamá o papá se encuentra cerca. Háblale cuando estás haciendo tus cosas. Dale un objeto distinto de vez en cuando para que juegue.

Consigue objetos pequeños para jugar y explorar con tu bebé. Que pase mucho rato en el piso en una mantita. Ponle al frente varios objetos pequeños en un recipiente. Las cosas deben ser de dos a cinco pulgadas, de formas y texturas diferentes. Pasará mucho tiempo explorando estos objetos y practicando destrezas sencillas con ellos.

Estos objetos pequeños no tienen que ser juguetes costosos. Sin duda que va a preferir objetos de la cocina, como, por ejemplo:

- tazas y cucharas plásticas para medir
- relucientes latas de sardinas (sin las llaves de abrirlas)
- recipientes plásticos para el congelador
- olla, perol o cacerola grande

Pon todo esto en la olla grande y se deleitará. Ya puede alcanzar algo y examinarlo con mucha atención.

Va a mirar cada objeto que saque de la olla. Primero lo va a tocar y después a mascarlo. A lo mejor va a golpear uno contra otro.

Ten cuidado de que todo lo que le des sea seguro. El mango o la agarradera de una cuchara de palo o hasta de una cacerola

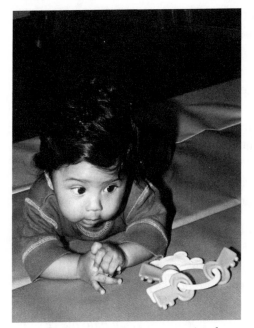

Ya puede alcanzar algo y examinarlo con mucha atención.

puede ser peligroso si le cae encima.

Cuando se canse de éstos, en la cocina hay más. Sólo debes tener cuidado de que todo lo que le des sea liso al tacto y seguro para ella. Nada debe ser de menos de 1 1/2 pulgadas. Recuerda que todo lo que le des se lo va a llevar a la boca si puede.

A Nick le gusta una botella de plástico y otras vasijas. Limpié una vasija y le eché allí unas cuantas piedritas; eso le fascina. Por supuesto que afiancé la tapa muy bien.

Theresa, 16 – Nick, 6 meses

A veces durante esta etapa, la bebé va a estar lista para sencillos juguetes de amontonar. Le puedes dar tazas de plástico que entren una dentro de otra. Asegúrate de que no se peguen entre sí.

Hora de juegos

A Sonja le encanta jugar a las "hurtadillas" o "te veo y no me ves". Mi mamá me dice que juegue eso mucho con ella porque es como que yo desaparezco y regreso. Ella se cubre la cara con un trapo y luego lo suelta. Entonces yo le digo "bu" y se ríe. O lo jugamos en un rincón.

Julie, 16 – Sonja, 7 meses

Aunque el bebé ya pueda jugar solo, préstale atención cuando está alegremene ocupado o cuando está irritado. Cuando juega, háblale, tírale un besito, abrázalo cuando pasas junto a él. Sonreírle es fácil. Le encantará jugar distintos juegos contigo. Dale varios minutos al día para jugar contigo.

Inventa un juego en que el bebé aprenda a usar una cosa para obtener otra. Siéntate en el piso con tu bebé. Colócale una mantita al frente. Pon un juguete en la mantita pero donde no lo alcance. Muéstrale cómo puede alcanzar el juguete si tira de la mantita. ¿Lo puede hacer por sí mismo?

Pongo a Kolbee en una mantita en el piso y él trata de alcanzar su sonajero. Entonces le queda por debajo y eso le molesta. Yo se lo saco y se vuelve a contentar.

Le hago muecas y se ríe. Lo paro y eso le gusta.

Le hablo mucho a Kolbee. Antes yo decía que no sabía qué decirle pero ahora lo digo lo que sea. Cuando me ve acercarme, se contenta. Se regocija con todo.

Vanessa, 17 – Kolbee, 5 meses

Ciertos juegos con el bebé son divertidos pero en esta etapa sólo deben jugarse unos cuantos minutos. Las tortitas y las "hurtadillas" o "te veo y no me ves" son los tradicionales.

Al bebé le va a gustar salir contigo. Si aún no gatea, acuéstalo en una mantita junto a ti mientras tú trabajas en el patio.

Cuando empiece a gatear, que juegue en la grama o césped. Un poquito de sucio no le va a hacer daño. Eso sí, tienes que observarlo constantemente.

El sol es encantador y proporciona un poco de vitamina D para tu bebé si tiene la piel expuesta. Pero tomar demasiado sol es perjudicial.

A los bebés se les debe limitar la cantidad de sol que tomen. Empieza con dos mintuos al día, de frente y de espalda. No lo expongas al sol del mediodía en verano.

Asolearse debe ser antes de las 10 a.m. y después de las
3 p.m. Ten cuidado de protegerle los ojos del sol.

Si vas a la playa con tu bebé de brazos o que ya camina,
necesitas una sombrilla a no ser que vayan a estar allí sólo
unos cuantos minutos.

¡Ni andadera ni corralito!

Durante la primera parte de este período, tu criatura a lo
mejor aún usa su asientito de bebé. Colócala en él cerca de
donde estás tú para que te vea trabajar. Ten cuidado de colocar
el asientito en el piso donde no haya peligro.

Pero seguro que apenas se pueda sentar sola no va a querer
sentarse allí. Para ese momento, tal vez tampoco hay
seguridad para ella en el asientito. Podría voltearse.

Antes la gente metía a los bebés en andadera, pero las de
estilo circular no eran muy seguras para ellos. Además, si un
bebé pasa mucho tiempo en una andadera, tarda más en
caminar por sí mismo. Gatear es una importante fundación
para caminar.

Muchas familias también usan corralitos. Si investigaras en
tu calle, probablemente muchos bebés se encuentran en
corralitos. De hecho, muchos bebés tienen que aguantarse
metidos allí varias horas al día.

Un corralito es bueno para llevar a la playa. Un bebé de
siete meses no está para andar por su cuenta en la arena. En
casa, el corralito puede ser un lugar seguro y divertido, a lo
más, unos diez minutos – justo lo suficiente para que te des
una ducha.

*Los corralitos están bien, pero no por períodos largos. Yo
me sentiría enjaulada en un área tan pequeña. Pero cuando
tengo que linpiar la casa, a veces meto a Sonja ahí un ratito.
Ahora que anda por todos lados es más difícil.*

*Cuando está jugando en el corralito y se inquieta, le pongo
un retrato mío fuera del corralito. Sonja lo mira y se queda*

*El bebé no va a aprender tanto
si se pasa mucho tiempo encerrado en el corralito.*

*tranquila. Mi hermana fue quien hizo eso primero y me
parece una gran idea. O si no, le pongo un espejo grande
fuera del corralito.*

Julie

Los bebés por lo general se aburren en los corralitos.
Algunos lloran hasta que los sacan. Otros tal vez no hacen
mucho ruido, especialmente si los han encerrado allí desde
chiquititos. Pero, ¿cuánto puedes aprender cuando estás
aburrida? ¡No mucho! Tu aburrido bebé tampoco
aprende mucho.

Si tú usas un corralito, úsalo lo menos posible. Tu bebé necesita satisfacer su curiosidad. Aprenderá mucho más si juega contigo, si está cerca de ti cuando haces tus quehaceres, que si está solita en un corralito.

Arreglarle el ambiente para que tenga la libertad de explorar es parte de tus funciones de madre. Tu bebé va a agradecer tus esfuerzos. En el capítulo 9 se dieron sugerencias para poner la casa a prueba de bebés a fin de que tanto la criatura como tú sobrevivan los meses de gatear con la menor frustración posible. Poner la casa lo más posible a prueba de accidentes también es parte de la crianza.

Le gustan los espejos

Yo he puesto a Kerry frente al espejo. Mira y se pregunta qué es lo que pasa. Puede distinguir entre ella y yo. Sabe quién es ella, pero no sabe qué pensar de dos mamis.

Leslie, 20 – Amy, 27 meses; Kerry, 4 meses

A los bebés les encantan los espejos. Pon a tu bebé frente a un espejo de cuerpo entero y observa su reacción. Puede ponerse perplejo al verte a ti, aparentemente una segunda tú. Su propio reflejo lo va a intrigar porque pronto va a darse cuenta de que puede hacer que esa otra "persona" se mueva cuando él se mueve.

Uno de los mejores "juguetes" para esta edad es un espejo colocado a seis o siete pulgadas de los ojos del bebé. Los espejos de vidrio o cristal son peligrosos. Busca un espejo plástico de buena calidad, de cuatro a cinco pulgadas de diámetro. Si no es de buena calidad, la imagen va a verse distorsionada.

Escucha y "habla"

Yo le hablo a Gary y él me susurra. Me mira a la boca, después trata de copiar mis expresiones y lo que yo hago con la boca.

Leica, 18 – Gary, 3 meses

Para los dos o tres meses, la bebé oirá un sonido y levantará los ojos para ver de dónde viene ese sonido. A veces, durante esta etapa, el sonido de tus pasos caminando hacia su cuarto la puede calmar mientras te observa. A lo mejor disfruta de una música relajante, aunque sin lugar a dudas prefiere el sonido de una canción cantada por ti.

La bebé está cada vez más activa ahora. Es aún más importante que le hables, pero háblale, no la sermonees. Dialoga con ella aunque no te conteste verbalmente. Hazle preguntas y haz una pausa para que te conteste. Así es como aprende sobre la estructura del habla. En poco tiempo te responderá con su propia clase de habla.

Carol juega con su saliva, hace sonidos al escupirla. La oí decir da-da una vez, de veras que sí. Yo pegué un grito y corrí a buscar a Mario, pero no lo ha vuelto a decirr desde entonces.

Kristyn, 17 – Carol, 3 meses

No le hables en "lengua infantil". Aprenderá más rápido si oye las palabras pronunciadas correctamente. No necesita aprender lengua infantil. Quiere hablar como hablas tú.

Continúa hablándole al bebé

A Kerry se le habla todo el tiempo. Aquí viven otras dos personas y yo la llevo donde mi mamá como tres veces por semana.

Todo el mundo le habla. A mí me gusta hablarle porque se sonríe.

Leslie

El bebé va a empezar a entender unas cuantas palabras ahora. A lo mejor hasta dirá "ma-ma", "da-da" o "bye", pero no cuentes con que lo hará. No puedes contar con su habilidad de emitir sonidos deliciosos. Lo vas a oír "hablando" en su cuna.

Cuando le hablo, Sancia me mira directamente y actúa como si oyera lo que le estoy diciendo. Le gusta que jueguen con ella. Cuando le cambio el pañal, la miro y le hablo. Una vez, cuando estaba en la cuna, pensé que estaba llorando. Fui a ver y estaba acostadita haciendo sonidos, hablando sola.

Emilia, 17 – Sancia, 6 meses

Éste es un hermoso momento para poner una grabadora al pie de la cuna. Trata de encenderla antes de que se despierte, según tus cálculos. Pero si entras a verlo, su jerigonza va a pararse porque tu cara y tu voz son aún más interesantes para él que sus propios sonidos.

Tu criatura necesita tu ayuda para el desarrollo del lenguaje. Tienes que hablarle y leerle mucho antes de que empiece a hablar. Es especialmene importante hablarle ahora de las cosas que él conoce. Al cambiarle el pañal, háblale. Al vestirlo, dile: "Ahora te estoy poniendo un zapato en el pie. La manito entra por la manga". Menciona las partes del cuerpo cuando lo bañas. Háblale de los juguetes al dárselos.

Yo le hablo a Nick todo el tiempo. Mi mamá le habla y mi papá también.

Es muy hablantín – a lo mejor se parece a mí. Todos le hemos hablado desde que estaba chiquitito. Tal vez por eso es que, por lo general, está contento.

Theresa

Cuando lo cargas de un lado de la casa a otro, muéstrale distintos objetos. Di los nombres y describe cosas como silla, puerta, mesa, plato, retrato, TV, sofá. Llévalo afuera y dile los nombres de acera o vereda, árbol, cerca, césped, grama o zacate. Si haces esto repetidas veces, va a aprender mucho sobre su mundo. También va a disfrutar de tu atención. Distintos sonidos le van a interesar – cosas como música, un avión, un perro ladrando.

A veces cuando le hables, susúrrale al oído. Va a disfrutar del cambio y aprenderá a escuchar los distintos niveles del habla.

Leer es importante

Carlos adora sus libros. Se sienta allí y mira los libros y les habla. Yo le conté el cuento de los tres osos y le gustó.

Renette, 16 – Carlos, 6 meses

Si aún no le estás leyendo a tu bebé, empieza a hacerlo. Busca cuentos sencillos, de preferencia con ilustraciones de cosas conocidas. A esta edad, tal vez sea difícil que te preste atención.

Leer (más bien, mirar las ilustraciones) a la hora de acostarse es ideal. Si el bebé tiene sueño, es posible que esté lo suficientemente quieto para escuchar el cuento, probablemente se acostará sin mucha agitación.

Le leo a Jay de noche después de bañarlo. Eso lo calma un poquito.

Bev, 17 – Jay, 8 meses

No tienes que comprar todos los libros para el bebé. Los puedes hacer tú misma. Recorta figuras grandes y vistosas de revistas. Usa figuras de cosas que el bebé conoce, como un gato, un perrito, o un auto. Las imágenes de bebés les fascinan. Pega estas ilustraciones en cartulina. Abre huecos en las "páginas" y átalas con hilos de colores vistosos.

También puedes comprar un album barato para fotos, de los que tienen páginas cubiertas de plástico. El plástico ya tiene adhesivo para que las fotos se mantengan en su lugar. Después de poner las fotos y volver a colocar el plástico, cubre cuidadosamente los bordes con cinta adhesiva.

Repetimos, las figuras deben ser de cosas que le interesan mucho al bebé.

La autoestima es crítica

Juan juega en el piso cuando yo lavo los platos. Cada pocos minutos me volteo y le digo su nombre, y creo que ya empieza a reconocerlo. Nunca lo llamo por apodos como "cabezón" porque cuando crece lo va a creer. Cuando eructa, siempre le digo "qué buen niño".

Ginny, 17 – Juan, 4 meses

La autoestima es extremadamente importante para todo el mundo. La madre y el padre tienen que sentirse bien consigo mismo antes de considerar verdaderamente bien a su bebé. Para sentirse bien con alguien, uno tiene que empezar por sentirse bien consigo mismo.

Tú puedes ayudarle a tu bebé a obtener una buena auto-estima. Cada vez que haga algo diferente, aprenda una nueva destreza, apláudela. Si batea un objeto y lo logra, elógiala. Cuando finalmente pueda alcanzar el objeto, regocíjate con ella.

Decirle a un bebé "estúpido" o cualquier otro nombre de menosprecio fácilmente se puede convertir en "profesía que acarrea su propio cumplimento".

Profesía que acarrea su propio cumplimento:
Algo que sucede porque uno espera que suceda.

Si le dices y le dices y le dices que es estúpido, va a convencerse de que de verdad es estúpido. Si cree que no puede aprender bien, probablemente no aprenderá bien. Por supuesto que tú no harás tal cosa con tu bebé. Los bebés nacen equipados con una deliciosa urgencia de aprender.

Observa a una bebé que acaba de aprender a darse vuelta de boca arriba a boca abajo. Va a practicar esa nueva habilidad una y otra vez. Se emocionará muchísimo cada vez que lo haga. Poder hacer hoy algo que no podía hacer ayer la va a emocionar – especialmente si tú también estás emocionada y se lo demuestras.

Cuando juegas con tu bebé, cuando le hablas y le lees, ambos se van a divertir Además, toda esta interacción le sirve para el desarrollo cerebral. Porque tú juegas con él, ¡probablemente va a ser un bebé más inteligente!

Tú tienes un reto maravilloso al nutrir el gusto que tiene tu bebé por la vida, por aprender, por emocionarse. ¡Disfruta!

Cuarta parte
La etapa de bebé queda atrás

En un momento durante los últimos cuatro meses del primer año, tu bebé probablemente va a gatear. Para su primer cumpleaños, podría hasta caminar. Una cosa se da casi por sentada. Se va a desplazar a un paso sorprendentemente rápido.

Poner la casa a prueba de niños es un reto grande en esta etapa. Si lo haces bien a conciencia, tu casa será lugar seguro para tu bebé y para que tu bebé la explore.

A lo mejor tu bebé come a la mesa con los demás, por lo menos unas veces. Para este momento, puede comer muchas de las cosas que comes tú si se las majas o picas la comida en pedacitos que pueda manejar.

Tu bebé sigue aprendiendo con sorprendente rapidez. Tú eres su maestra cuando juegas con él, le hablas y le lees. El capítulo 14 incluye más sobre este tópico, inclusive varios juguetes que puedes hacer.

El último capítulo enfoca tu futuro, o más bien, tu futuro y el de tu bebé en conjunto. Es un tópico importante.

Puede gatear... ¡y se desmanda!

12

¡Se mete en todo!!

- **Difícil para mamás y papás**
- **Por curiosidad se aprende**
- **La etapa de meterse en todo**
- **Hacer pininos y caminar**
- **Lección de física**
- **Se necesita supervisión constante**
- **Mantener al bebé limpio . . . lo suficiente**
- **Ansiedad con desconocidos**
- **Dependiente de mamá**
- **¡Todavía no al inodoro!**
- **Se necesita dormir menos**
- **Rutina a la hora de acostarse**

Gary está caminando desde los diez meses. Dice "ma-ma", "pa-pa". Le hablamos mucho en inglés y en español. Es curioso. Si te ve haciendo algo, te imita. Viene y mira. Es muy apegado a mí.

Se sube en una tabla y salta, pero todavía no se sube al sofá. Le encanta jugar afuera con otros niños.

Saca ollas de la alacena y se las lleva para afuera. Recoge muchas piedras y las echa en las ollas y las carga de un lado a otro.

Jan, 15 – Gary, 12 meses

Robin es un monstruo. Se mete en todo. Gatea, se levanta sola, se para, agarra todo lo que puede alcanzar.

Melinda, 15 – Robin, 9 meses

Difícil para mamás y papás

Ésta es la etapa más ocupada hasta ahora, tanto para tu bebé como para ti. Ya no es recién nacida. Al fin puede andar y anda. La verdad es que pronto podrá hasta correr.

Shareef empezó a gatear a los ocho meses. Se metía en todo. Le encanta ir a la cocina y jugar con las ollas. Lo que encuentra se lo mete en la boca y eso es de veras difícil. Puerta que ve, puerta por donde intenta salir.

Adia, 17 – Shareef, 11 meses

Ésta es una etapa difícil para muchas madres y padres. "Se mete en todo" es lo que dicen. Como la criatura se puede meter en tantas cosas, la gente cree que debería distinguir entre lo bueno y lo malo. Debería hacer caso a lo que le mandas.

Esto no es lo que sucede. Su memoria apenas empieza a desarrollarse. Si por casualidad recuerda que le dijiste "no" la última vez que tocó ese frágil florero, aún necesita el autocontrol para no tocar ese tentador objeto. Pegarle en la manito sólo le enseña que los grandes les pegan a los chiquitos. Realmente no sabe por qué le pegan.

En esta circunstancia, quitarle la tentación es lo sensato y cariñoso. Le puedes ofrecer un juguete o una actividad que no le haga daño a cambio de lo prohibido. Es muy probable que acepte el canje.

Por curiosidad se aprende

Cada madre (y cada padre) tiene la responsabilidad de facilitar toda la curiosidad posible del niño. La curiosidad no se nutre con una dieta constante de "no" ni encierro en un corralito.

*Dale tiene curiosidad por todo. Nunca se detiene, no
quiere que nadie lo cargue. Ya es independiente. Tiene que ver
y tocar todo, qué textura y qué aspecto tiene. Le doy Cheerios
y le encanta jugar con ellos. Abre las gavetas y saca la ropa.
También intenta beber de una taza.*

Arlene, 17 – Dale, 11 meses

¿Por qué tal curiosidad? ¿Por qué esa tremenda necesidad
de explorar? Tal vez porque ha pasado varios meses acostado,
luego sentado, sin la capacidad de desplazarse. Al observar el
mundo a su alrededor, le da más y más curiosidad.

Ahora que ya gatea, puede hacer algo para satisfacer su
curiosidad. Puede explorar . . . y explorará.

La magnitud de su curiosidad te va a sorprender. A lo
mejor prende y apaga la televisión una y otra vez hasta que
ya tú no lo aguantas más. ¡Piensa en el poder que debe sentir
cuando empuja el botón y la TV empieza a andar!

Puede que abra y cierre un gabinete de cocina docenas de
veces al día. Si encuentra papel en el piso, lo va a estrujar.
Investigará lo que sea y lo investigará todo.

*A Danette le gusta el cesto de papeles. Lo voltea y lo
golpea. Abre las puertas de la alacena una y otra vez y mira
adentro. Primero mira fijamente, luego agarra algo y se
lo lleva.*

Caroline, 18 – Danette, 10 meses

*Robin mueve las puertas de un lado a otro. Tira la puerta
del baño contra la bañera todas las mañanas hasta que mi
hermano se despierta. Lo hará hasta que se le permita.*

Melinda

Es probable que observes a tu bebé mirando fijamente
pequeñas partículas. Al gatear por el piso, va a recoger
cualquier poquito de sucio o una migaja que tiró desde su silla
alta un rato antes. Durante este período, lo más probable es

que tengas que mantener el piso más limpio de lo que nunca
soñaste que fuera posible.

No sólo va a notar la bebé todo lo que haya en el piso . . .
también se lo va a meter en la boca. Su instinto investigador
es muy fuerte. A ti te toca prevenir que pruebe algo que le
puede hacer daño.

*Jay agarra cualquier pelusa del piso, hilo, esa cosita que
le llama la atención. Le encantan los periódicos, para
despedazarlos.*

Bev, 17 – Jay, 8 meses

La etapa de meterse en todo

*Dale se sube en la cama y el sofá y está intentando subirse
a la mesa. Me preocupa porque no se queda quieto ni un
momento y me da miedo de que se meta en alguna parte. Lo
cuido constantemente.*

Arlene

Para fines del primer año, el bebé podría trepar. Al
principio va a luchar por subirse a un banquito de pies. Poco
después conquistará alturas de un pie o algo así. Si puede
hacer eso, puede subirse a una silla. De allí, puede treparse
a la mesa o al mostrador de la cocina. Si no has puesto ni la
casa ni tus hábitos a prueba de niños, ahora tienes un
problema entre manos.

*Me preocupo por Robin todo el tiempo. Se mete en todo,
las 24 horas del día. Se cae y se hace daño porque trata de
pararse en todo. Se trepa al sofá. Se me sube cuando la tengo
en la silla mecedora – quiere subir para ver lo que está detrás
de mí.*

Melinda

¿Ya ha aprendido a subir escaleras? Entonces es hora de
enseñarle a que baje con seguridad. Enséñale a deslizarse de

barriga, con los pies primero. Aunque tengas rejilla en la escalera, a veces alguien la deja abierta y tiene que aprender.

Alice aprendió a gatear de arriba abajo por la escalera cuando estábamos en Texas y lo hacía constantemente. Al principio me dio miedo. Subió tres escalones y me dio terror y la bajé.

Después volvió a hacerlo y se cayó una vez. A partir de entonces lo pudo lograr.

Melanie, 15 – Alice, 13 meses

Un niño de un año está activo y en movimiento constantemente. Siempre está totalmente absorto en lo que está haciendo. Puede ser divertido como compañero por esa actividad, pero también puede ser causa de completa frustración para ti por esa misma razón—tanta actividad.

Cambiarle el pañal al bebé puede ser todo un reto durante esta etapa. Si le das un juguete se puede distraer lo suficiente para que deje de patalear y retorcerse. A lo mejor hasta puedes ponerle el pañal estando de pie.

Si todo esto da la impresión de que el bebé es quien manda, ¡no lo creas ni un minuto! La disciplina es tan importante desde que nace que Lindsay y McCullough escribieron un libro, *Discipline from Birth to Three (La disciplina desde el nacimiento hasta los tres años)*, dedicado totalmente a este tópico.

Por supuesto que intentará ciertas cosas que hay que parar con un rotundo "no". Pero si escucha constantemente "no", puede interpretrarlo como "no lo intentes", "no lo descubras".

Si decide no explorar o intentar cosas nuevas, no va a aprender como se debe. Pero sí puede entendérselas con un "no" verdaderamente necesario.

Hacer pininos y caminar

Alice todavía no camina pero da unos cuantos pasitos, hace pininos. Se sostiene con el sofá y alcanza, después se va

del sofá a la mesa. Lo ha hecho desde más o menos los
nueve meses.

Melanie

Poco después de que la bebé empieza a andar, empieza a
hacer pininos. Para eso, camina con cuidado sosteniéndose
con las manos en el sofá, una silla o algún otro objeto.
Ciertos bebés pasan directamente de pininos a caminar.
Pero muchos más hacen pininos, a veces varias semanas,
hasta varios meses. Al principio la bebé es muy cautelosa,
pero poco después sólo roza mano sobre mano todo el sofá.

Le encantaría que arreglaras todos los muebles de modo
que ella pueda haer pininos por toda la sala. Coloca los
muebles lo suficientemente cerca para que ella pueda
alcanzarlos del uno al otro.

Danette camina. Como a los ocho meses empezó a
caminar alrededor de los muebles o hacia ellos. Dio los
primeros pasos tres o cuatro semanas después. Durante un
par de semanas, sólo daba unos pasitos; entonces empezó a
caminar por todos lados.

Caroline

Caminar a los nueve meses es poco usual. La edad media
para empezar a caminar es entre los doce y los catorce meses.
Ciertos niños hasta esperan un par de meses más.

Primera lección de física

Robin tira algo desde la silla alta, observa cómo cae y
entonces grita para que yo se lo recoja. Yo entonces se lo ato
con un hilo para que no lo oiga golpear el piso. Ahora está
aprendiendo a recogerlo con el hilo.

Melinda

Más o menos por este tiempo, cuando está en la silla alta,
la bebé tiene su primera lección de física. Primero deja caer

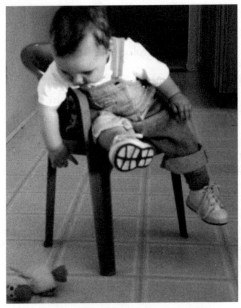

Puede dejarlo caer, pero necesita que mamá o papá se lo recojan.

una cuchara o un juguete al piso, luego se ladea para ver qué le pasó. Esto es aprendizaje serio de su parte y lo hará una y otra vez.

Por supuesto que es de esperarse que mamá o papá le recojan las cosas. Unos padres quieren continuar con el juego un poco más, otros menos. Pero la mayoría continúa por un rato, especialmente cuando se dan cuenta de que esto es aprendizaje para el bebé.

Puedes atar algunos juguetes a la silla alta con una cuerda gruesa corta (12 pulgadas o menos). Una cuerda más larga es un peligro porque se la puede enrollar en el cuello. La bebé aprenderá a tirar de la cuerda ella solita. Al principio no lo va a poder hacer. Tú tienes que hacérselo.

Se necesita supervisión constante

A mí me preocupa que Maelynn se haga daño, pero trato de no protegerla demasiado. Me preocupa que se vaya a caer, pero cuando se cae, le digo: "Ay, te caíste". No hago teatro por eso.

Una tía mía dice: "¿Ay, te hiciste daño? ¡Ay, no!" y eso asusta más a sus chiquillos. Por mi parte, trato de mantener la calma para que Maelynn no se asuste. He observado a mis primitos. Cuando se caen, siguen jugando hasta que la mamá

grita y entonces es que empiezan a llorar. Estoy aprendiendo
bastante de ellos y no quiero que Maelynn sea como ellos.

Joleen, 17 – Maelynn, 9 meses

Tu "caminadora" necesita ahora más supervisión aún que
cuando gateaba. Se va a escapar afuera a explorar. Solita, se
iría a una calle transitada. ¿Qué puedes hacer al respecto? ¡Su-
pervisarla! Trata de ser tolerante. Recuerda su curiosidad y lo
imposible que le es controlar sus propias acciones a esta edad.
A tu bebé le sigue gustando jugar en y con el agua. Ahora
que está más grandecita, esto puede ser un problema si hay
una piscina, alberca o pileta cerca. Una criatura puede
ahogarse en unas dos pulgadas de agua. Siempre tienes que
estar con ella cuando juega en o con agua, ya sea en una
piscina pequeñita o una bien grande, o en la bañera o un balde
o cubo de agua.

Mantener al bebé limpio... lo suficiente

Mantener a una pequeña exploradora completamente
lavada con agua y jabón en todo momento la puede perturbar.
También la puede convertir en una criatura miedosa de
ensuciarse, lo cual limitará drásticamente la cantidad de
exploración que puede hacer.

Cómprale o cósele la ropa más fuerte y sencilla posible.
Pon atención para que no se sienta mal si ella y su ropa se
ensucian. ¡Ésta no es la etapa de estar limpio!

Eso sí, es importante que la protejas de una dosis excesiva
de bacterias nocivas, o gérmenes.

Aunque hay bacterias en todas partes, la mayor parte de
ellas son inofensivas. El cuerpo puede entendérselas con las
"buenas". También puede hacerlo con unas cuantas bacterias
"malas". Pero si las malas tienen un buen lugar donde crecer,
se multiplican rápidamente. Eso es peligroso para un bebé.
Excelentes lugares para crecer son los alimentos y las heces o
excrementos.

La comida cocida se debe mantener cubierta y fría o caliente, nunca tibia. Si se cae un pedacitito de pastel de crema debajo de la mesa y no lo ves cuando limpias, las bacterias se van a multiplicar. Si varias horas más tarde la bebé se mete en la boca un pedacito del pastel que está en el suelo, se puede enfermar seriamente.

También debes prestar mucha atención a la limpieza en el cuarto de baño. Tienes que lavarte las manos cada vez que le cambies el pañal. También tienes que lavarle las manos a ella si explora su cuerpo cuando la cambias. Limpia bien, y rápido, con trapeador o estropajo cualquier accidente de defecación y leche vomitada.

Limpia siempre bien las heces o excremento de las mascotas. Para eso a lo mejor tienes que inspeccionar el patio todas las mañanas o hasta varias veces al día si tu bebé juega allí. Los niños pueden contraer lombrices intestinales si manosean las heces.

Ansiedad con desconocidos

A Maelynn le gusta jugar con gente que conoce, pero a otra gente le tiene miedo. Les sonríe pero cuando se le acercan, se abraca a mí, me aprieta y no permite que la tomen en brazos. Se puede ver que tiene miedo, pero no llora si yo estoy presente. Yo le explico y ella parece entender.

Joleen

Con todo, le gusta la gente – un rato. Pero para los ocho meses más o menos, tu amistoso bebé así de repente se niega a mirar a los desconocidos. Tal vez ni siquiera quiere ir donde abuelita. ¿Se habrá hecho miedoso y tímido? Realmente no. Pero ha madurado lo suficiente para saber exactamente en quien tiene que confiar. Por lo general confía en personas con quienes habita y lo atienden casi todo el tiempo. Ahora duda de los demás. A veces a esto se le llama "ansiedad con desconocidos".

Dale tiempo. Si esconde la cabeza en tu hombro cuando la abuelita le presenta los brazos, dile a ella que el bebé necesita unos cuantos minutos para ajustarse. Él se irá con ella cuando le interese.

Dependiente de mamá

Cuando salgo del cuarto Robin me sigue porque es muy curiosa. Quiere saber a dónde voy. Me sigue al baño y se para al pie de la bañera y le da golpes. Le dices "no" y te mira bien feo y después se echa a llorar.

Si alguien hace algo que no le gusta, gatea hacia mí y quiere que la cargue. Ella no llora sino que grita.

Melinda

Hacia fines del primer año, puede parecer muy dependiente de su mamá. No soporta que mami salga. Te sigue todo el día.

Cuando la llevas a visitar a alguna amiga, a lo mejor se pasa todo ese rato en tus brazos. Sólo los bebés con buen apego a su mamá actúan de esta manera, que es absolutamente normal. Si te necesita, te necesita.

Esta etapa de pegadillo con la mamá hace difícil dejar a la bebé. No es aconsejable salir

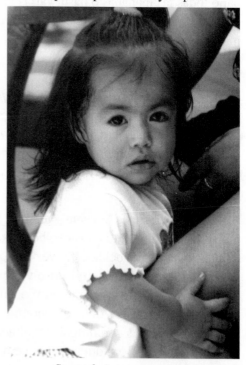

Se queda junto a su mamá.

cuando está dormida. Si se despierta y encuentra a una niñera en vez de su mamá, se puede poner muy descontenta y asustarse. Es preferible contratar a la niñera para que venga media hora antes de tú salir. Así la bebé tiene una mejor oportunidad de ajustarse a la situación. Si llora cuando sales, la niñera podría reportar que para cuando el auto se perdió de vista ya la niña estaba jugando muy contenta.

Como se dijo en el capítulo 3, jugar cosas como "hurtadillas" o"te veo y no me ves" desde la temprana infancia sirve para que se dé cuenta de que si te vas, regresas. Lleva tiempo entender que, si mamá y papá se van, realmente regresan.

¡Todavía no al inodoro!

Enseñar a ir al inodoro, realmente enseñar, no se ha mencionado en estos capítulos porque la mayoría de los niños no están en capacidad de usar el inodoro solos sino hasta después de los dos años. Algunos no lo pueden hacer sino hasta los tres.

Tratar de enseñar a un niño o una niña antes de tiempo casi siempre es una frustración para ambos. Hacerlo es, sin duda, uno de los mayores problemas que llevan al abuso infantil.

No te apresures. Espera hasta que tu niño o niña te indique que ya es hora. Puedes consultar *La disciplina desde el nacimiento hasta los tres años* para una útil explicación del asunto.

Se necesita dormir menos

Danette se acostaba a las 7, pero últimamente se acuesta a las 8. Le doy cena. Juega un buen rato, luego a las 8 le doy su mamadera. Después de tomársela, me da un beso de buenas noches y la acuesto.

Se porta muy bien para dormirse. Se acuesta a las 8 y se despierta a las 6:30 de la mañana siguiente. Se toma una mamadera y luego juega hasta las 8 u 8:30. Entonces quiere su desayuno.

Hace un par de meses empezó a molestar a la hora de
acostarse. Yo quería que se acostara a cierta hora y la ponía
en la cuna. Lloraba pero yo la dejaba que llorara como unos
diez minutos. Eso parecía mucho tiempo, pero se cansaba y se
dormía. Dos o tres noches después, se dormía enseguida.

Caroline

Tu niño necesita dormir menos horas a medida que crece.
Para su primer cumpleaños, probablemente sólo necesita una
siesta al día. Unos quieren dormir en la mañana. Después se
ponen irritables a media tarde. Si lo pones a dormir una segunda siesta, se queda despierto hasta más tarde por la noche.

Si lo quieres en la cama a una hora "decente" por la noche,
intenta mantenerlo despierto un poquito más en la mañana.
Dale un almuerzo ligero, como a las 10:30 de la mañana,
antes de su siesta. Cuando despierte, unas dos horas más
tarde, dale otro almuerzo ligero. A lo mejor aguanta hasta una
cena temprano para luego acostarse y dormir la noche.

La siesta de la mañana se le puede ir haciendo más tarde.
Poco después, tal vez pueda esperar hasta el mediodía para
almorzar y después dormir su siesta. Esto es importante para
muchas madres y padres. A pesar de lo mucho que la quieren,
les gusta tener las noches libres sin la atención constante que
requiere la criatura durante todo el día.

Rutina a la hora de acostarse

Muchos niños que ya caminan no son "muy muy buenos
a la hora de dormir". Probablemente la mitad se inquieta un
poco a la hora de acostarse, especialmente si otros miembros
de la familia están despiertos.

Muchas madres y muchos padres prefieren que los niños pequeños se acuesten dos o tres horas antes que ellos. Por
lo general, la hora que escogen fluctúa entre las 6 p.m. y las 8
p.m. Pero un horario diferente puede ser mejor para algunos.

Lo más importante es que la criatura tenga una hora regular

para acostarse. No puedes tenerla despierta hasta las 10 p.m. esta noche y esperar que mañana se acueste a las 8. Seguir la misma rutina todas las noches sirve para que casi todos los niños acepten la hora de acostarse.

A no ser que el baño sea una bulliciosa sesión de juego, un baño antes de acostarse puede relajarla.

¿Tiene tu bebé una mantita o un peluche favorito? Trata de que se acueste con ese objeto favorito. Casi todos los bebés tienen una mantita de seguridad u otro objeto importante para ellos. A lo mejor es un adorado osito de peluche.

El apego a este objeto de seguridad puede empezar en esta etapa de seis a doce meses, aunque se va a hacer más fuerte después. Muchas mamás informan que es casi imposible quitarle esa mantita a su bebé para lavarla.

Ayúdale a decidir cuál es la mantita o el osito que va a ser parte del ritual de la hora de acostarse. Léele un cuento. Después, dale el pecho o la última mamila de fórmula mientras la meces y le cantas o arrullas. Relajarse lo suficiente para dormirse podría tomar media hora.

Si insiste en acostarse con el biberón, recuerda que existe el problema de la fórmula goteando en los dientes toda la noche. La película de leche puede causar serios problemas de caries dentales. Si ella insiste en el biberón, insiste tú en que sea con agua, no con fórmula.

Si sigues la misma rutina con tu niña todas las noches, resultará que se va a acostar de bastante buen humor casi todo el tiempo. También tus noches serán más placenteras si no tienes que luchar para acostarla.

Pronto tu bebé va a cumplir su primer año. Ya no es una bebecita totalmente dependiente de ti para desplazarse de una habitación a otra. Está despierta y sumamente activa gran parte del tiempo. Es una personita muy ocupada.

Aunque parezca independiente a veces, aún te quiere cerca. Para ti es bueno que su apego y amor a ti continúa.

Empieza a comer sin ayuda – y le encanta.

13

Hora de comida de mesa

- **Grandes cambios para comer**

- **¿Lactar y ya con dientes?**

- **Desmamar y usar taza**

- **Cuando come sin ayuda**

- **Nada de comida basura**

- **¡Qué desaliñado!**

- **La comida es para disfrutarse**

Haley come comida de bebé, Cheerios, comida de mesa. Le majo los frijoles con un poquito de arroz. Le doy de la sopa de nosotros, papas al vapor, zanahorias, brócoli.

A los siete meses empezó a tomar de una taza. Come la cena con nosotros.

Juega con su comida. La hace añicos, la estruja.

Shaquala, 17 – Haley, 9 meses

Makalah ya empieza a comer comida de párvulos. Come pan tostado, pedacitos de legumbres. Yo se los parto chiquititos, como papitas. Tengo cuidado de que todo sea bien blando. Le majo las

zanahorias. Come arroz y frijoles, macarrones con queso.
He empezado a darle leche en una taza.

Nykesha, 16 – Makalah, 9 meses

Alice no come de una cuchara. Se niega a hacerlo. La
agarra y entonces come con las manos. No come mucho, creo
que porque está apegada a la leche.
Primero le di frutas, bananas y compota de manzana.
A los ocho meses empezó con comida de verdad. Los ejotes
[habichuelas verdes] son sus favoritos.
Come toda clase de carne sin ayuda, pavo, pollo, de todo.
Tiene diez dientes. Puede masticar el hueso del ala de pollo
sin que yo tenga que quitarle la carne.

Melanie, 15 – Alice, 13 meses

Dale come comida de mesa. No le gusta mucho la carne
pero las legumbres sí. No tengo que majárselas. Si lo hago, se
enoja porque no los puede agarrar. También se enoja si trato
de darle de comer así que yo me limito a ponerle la comida en
su plato.

Arlene 17 – Dale, 11 meses

Grandes cambios para comer

La he amamantado y no empecé a darle comida sólida
hasta los seis meses. A mí no me gusta darle cosas enlatadas
y por eso cocino peras. Le majo bananas. Ya come muchas de
las cosas que comemos nosotros.

Zandra, 16 – Dakota, 11 meses

Los primeros cuatro o cinco meses de un bebé, comía o del
pecho o del biberón. Es mejor para los bebés no darles otra
comida esos primeros meses.

Para los cinco o seis meses, ya puede comer poquitos de
cereal de arroz casi lícuado y frutas y legumbres coladas. La
mayor parte de su nutrición durante esta etapa sigue siendo de
la leche materna o fórmula. Esos primeros alimentos sólidos
son importantes principalmente porque tiene que aprender a

comer comida sólida. Dentro de poco va a necesitar más que fórmula y necesita tiempo para aprender este nuevo método de comer.

De ocho a doce meses, su patrones de comer siguen cambiando. Ya no necesita que se licúe la comida y que no tenga terrones. Tenga o no tenga dientes, puede mascar comida que tú hayas majado o molido.

Casi todos los bebés necesitan alimentos estrictamente blandos como hasta los ocho meses, ya sea de un tarrito o que tú prepares. Para los ocho meses, puedes picarle y majarle alimentos de la mesa.

Por supuesto que las comidas del bebé tienen que incluir los grupos básicos de alimentos, igual que las tuyas. El bebé necesita frutas y legumbres, granos enteros, productos lácteos y proteína. Las grasas y los dulces deber ser limitados para tu bebé – y para todos nosotros.

Cuando comes afuera, convendría que le llevaras al bebé un tarrito de frutas o legumbres de Stage 2/Paso 2. Al añadirle eso a la hamburguesa y pan que va a comer contigo, más la fórmula, tendrá una comida balanceada.

En vez del tarrito de comida para bebé, podrías llevar "cubitos de hielo" congelados de su comida. (Ver página 145.) Cuando llegas a McDonalds, su comida especial estará descongelada y lista para comer.

¿Toma vitaminas tu bebé? Aunque le estés dando el pecho, puede ser que los médicos le receten vitaminas a los pocos meses de edad.

Es importante que la hora de comer sea placentera. Cuando el bebé se niega a comer algo, no lo obligues. Sólo vuelve a ofrecérselo un par de semanas más adelante.

Éste es el momento de ayudarle al bebé a que aprenda a disfrutar de una variedad de alimentos. Al desarrollársele las papilas gustativas, a lo mejor le deleita hoy algo que no podía soportar el mes pasado.

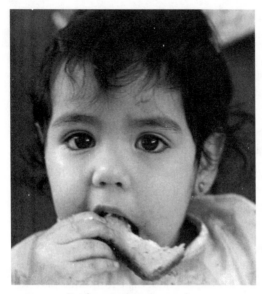

Prefiere comer sin ayuda.

Amelia ya no come papillas de bebé. La amamanté largo tiempo sin darle comida para bebé y la gente me decía: "ay, le debes dar comida sólida".

Empecé con cereal de arroz como a los cuatro meses, pero a ella no le gustaba mucho que le dieran de comer así. Ya tiene dos dientes, pero puede mascar cualquier cosa. Puede comer casi todo lo que quiere. Yo no le doy nueces y no le caen bien las fresas – los cachetitos se le ponen bien rojos. Yo he oído decir que son altamente alergenas.

Yo no compro comida preparada para bebé. Nunca le di carne de tarrito. Me parece desagradable. Lo que hago es que le pico muy bien pedacitos de pollo, bistec, cualquier carne que comamos.

Trato de balancearle la comida con fruta o legumbre, un grano, una proteína.

Aimee, 17 – Amelia, 10 meses

Para los ocho meses, podrás majarle la comida y hacérsela pedacitos. Si sirves pollo, quítale el hueso y el cartílago. Después, pícale la carne en pedacitos bien pequeños.

El pescado es excelente porque se desmorona. Por supuesto que tienes que tener cuidado y sacarle antes todas las espinitas.

Advertencia

El jugo de naranja o china no se recomienda para un bebé sino hasta después de un año. Muchos bebés son álergicos a ese jugo.

A muchos bebés les gusta el requesón. Sólo tienes que majarlo con un tenedor.

El yogur natural es bueno para el bebé. No compres el que viene azucarado. Muchos niños prefieren el sabor agrio del yogur natural.

Dichos alimentos, junto con fórmula o leche materna, pueden proporcionarle al bebé las vitaminas y minerales que necesita. El cereal fortificado con calcio puede suplir la necesidad de calcio. Las frutas y legumbres, por supuesto, son buenas fuentes de vitaminas A y C.

Ayudarle a aprender a comer comida sólida es algo muy importante. También lo es que siga tomando bastante leche materna o fórmula. Ahora necesita como veinte onzas diarias. Claro que tú no sabes exactamente cuánto saca de tu pecho, pero si lo lactas cuatro veces al día, y se ve satisfecho y sigue sano y activo, probablemente obtiene lo suficiente.

¿Lactar y ya con dientes?

Antes de que a Amelia le salieran dientes, volteó la cabeza completamente una vez cuando mamaba. Yo me sorprendí y le dije: "no, Amelia, no; eso duele" y no lo volvió a hacer.

Aimee

Si estás dando el pecho, tal vez te preocupes de que cuando le salgan los dientes a tu bebé te va a morder. Hay quienes deciden cambiar a biberón en este momento, pero por lo general no va a ser problema. Si el bebé te muerde el pezón, claro que tienes que responder. Como se menciona en la página 121, si le dices "no" con toda firmeza y le sacas el pezón de la boca unos segundos, lo más probable es que no te vuelva a morder.

¿Has visto a niños de un año o más con un biberón por todos lados? Si le estás dando mamila y no quieres que el desmamarlo más adelante sea un lío, sigue con él en brazos cuando toma su mamadera. Sentirá el cariñoso apego que adoran los bebés amamantados y no considerará que el biberón es algo de llevar por todos lados – igual que un bebé amamantado no puede cargar con el pecho por todas partes.

Desmamar y usar taza

Si aún le estás dando el pecho, podrías decidir desmamarla directamente a una taza en los próximos tres o cuatro meses. Si aún no has usado mucho el biberón, desmamar podría ser más fácil directamente del pecho a la taza. Ciertos bebés están en capacidad de beber bastante leche de una taza para el primer cumpleaños. A otros hay que lactarlos un poquito más.

Si toma biberón, aún necesita aprender a beber de una taza. Tal vez la va a derramar, hasta intentará vaciarla, si le das demasiado. Con paciencia, aprenderá. Recuerda que necesita

Sostener su propia taza es un acontecimiento emocionante.

unas viente onzas de leche materna o fórmula diariamente, ya
sea por medio de taza, pecho y/o mamila.

Una taza de "adiestramiento" con piquito proporciona
un puente entre mamar leche y aprender a beber de una taza
normal. También es más difícl derramar o botar fórmula de
una taza así.

De paso, a los bebés no se les debe dar leche de vaca hasta
que tengan un año. La leche descremada o baja en grasa no es
buena para niños menores de dos años.

Cuando come sin ayuda

*Se está esforzando por usar la cuchara – pero todavía no
lo logra. Pone la comida en la cuchara, pero se le dificulta
meterla en la boca.*

Arlene

*Cuando come, le gusta golpear con la cuchara un rato,
luego comer un poquito, luego golpear de nuevo. No le gusta
que yo le dé de comer, a no ser que esté de muy buen humor.
Le gusta comer sin ayuda. Bebe sola de una taza de
adiestramiento, pero todavía toma el biberón.*

Joleen, 17 – Maelynn, 9 meses

Si el bebé quiere ayudar a darse su propia comida, déjalo.
Al principio no va a poder llevarse mucho a la boca. Puede
poner la mano de él en la tuya cuando sostienes la cuchara.
O puede tener su propia cuchara mientras tú le das la mayor
parte de la comida con la tuya.

Nada de comida basura

*Dalton tiene ahora los dientes dañados porque le
permitimos comer muchos caramelos y tomar mucha soda
y porque tomó mamila demasiado tiempo. Se la llevaba a
la cama. La leche se queda en los dientes y el azúcar se los
come. Si se despertaba de madrugada yo le metía una mamila
en la boca y se volvía a dormir mientras chupaba.*

A mí me encantan las sodas y cada vez que yo me tombaba una, él quería también. Por no oírlo chillar, la compartía. Ahora ya no tenemos ni soda ni caramelos en la casa. No es justo comer ni beber frente a él. Las visitas al dentista no son diversión.

Claire, 17 – Dalton, 33 meses

Hay quienes a veces tratan de calmar a un niño con algo dulce de comer cuando un abrazo tendría el mismo efecto. La verdad es que los abrazos son siempre mejores que la comida basura o chatarra. Agua de gelatina y otras aguas azucaradas pertenecen también a la categoría de calorías vacías. Los bebés pequeñitos y los párvulos necesitan beber fórmula o leche materna, agua y jugos de frutas sin endulzar y muy pocas veces nada más. El café, el té y las bebidas de cola contienen mucha cafeína, que es droga. Tu bebé no necesita drogas.

Le harás un gran favor si demoras lo más posible el darle comida basura o chatarra – soda, caramelos, papitas fritas, etc. Tu función es ayudarle a aprender a disfrutar de los alimentos que necesita para crecer y convertirse en adulto sano y competente.

El primer año no

Las frutas y las legumbres crudos y crujientes no son buenos para el bebé sino hasta después del primer año porque se puede atorar con ellos. De hecho, hasta los dos años, si quieres que coma zanahorias crudas debes rallárselas.

El maíz no es bueno para bebés pequeñitos y párvulos. Les pasa por las heces sin siquiera cambiar de color o forma.

Éste es el momento de ayudar a que tu bebé adquiera el hábito de comer cosas saludables, que debe continuar toda la vida. Ofrecerle una gran variedad de comidas le da la oportunidad de adquirir gusto por distintos alimentos.

¡Qué desaliñado!

A Gilbert le gusta comer sin ayuda y forma todo un gran revoltijo. Come puré de papas y habichuelas verdes [ejotes]. Tiene dieciséis dientes y ya puede masticar carne.

Gaye, 15 – Gilbert, 7 meses

Un bebé aprendiendo a comer sin ayuda es lo más desaliñado. No te sorprendas. Prepárate para enfrentarlo.

¿Recuerdas lo mucho que le gusta al bebé explorar, tocar y sentir? Eso es exactamente lo que va a hacer con la comida. Parte de esa comida va a dar a la boca, pero al principio parece como que más cantidad va a la cara, al cabello, a cualquier lugar donde tú menos lo quisieras. Estará contento con todo ese lío. Cuando quiere ayudar, dale pedacitos de pan tostado o banana para que los tenga en la mano cuando tú le das la comida. Tal vez hasta podría llevarse un poco de comida a la boca al untarse con la palma de la mano.

La mejor manera de darle de comer es en una fuerte silla alta. Cuando empiece a comer sin ayuda, coloca periódicos debajo de la silla. Un pedazo de plástico fuerte puede lucir mejor que un periódico, pero algo que tengas que limpiar tal vez no te interese. Con los periódicos, después de la comida sólo tienes que recogerlos y echarlos a la basura.

La comida es para disfrutarse

Mirar, manosear, probar y oler la comida es parte de la misma exploración que empieza antes con lo que no se come. Si se le permite establecer sus hábitos alimenticios, se da cuenta de que el mundo no es un lugar restrictivo y aborrecible donde demostrar los sentimientos y deseos sólo trae problemas.

Mantén la calma y síguele la corriente del puro entusiasmo por todo el proceso de comer. Ésta es la mejor ruta para que sus comidas sean los eventos placenteros que tú quieres que sean.

Ahora hace pininos. Pronto va a caminar – y luego hasta a correr.

14

Deleitarse con la criatura y enseñarle

Cantamos "tortitas". Jugamos con ella y sus juguetes, le canto. Nos echamos en el piso y jugamos con ella y sus juguetes. Todo le interesa.

Le encanta el espejo. Se sienta frente a él y lo golpea y trata de hablar.

Nykesha, 16 – Makalah, 9 meses

Cada mes que pasa disfruto más y más a Danette -- ¡porque mejora y mejora! Me enloquece con los juguetes nuevos. Nos sentamos en la alfombra y jugamos toda clase de juegos. En la cama la venteo — sube y baja.

A Danette le gusta la música. Le gusta cantar. Bailo mucho con ella en brazos. Estoy loca por ella.

Salimos de la casa y la correteo por todos lados. Jim y yo la
agarramos de las manitos y corremos con ella.
   Lleno una lata o una cajeta de muchas cosas. Le encanta
sacar las cosas una por una, jugar con una un rato, luego
sacar otra y jugar con eso.

Caroline, 18 – Danette, 10 meses

Magnífico momento para aprender

Ahora que tu niño va de un lado a otro, jugar con él puede
ser aún más divertido para ambos. No sólo es divertido,
también es bueno para su cerebro que interactúe contigo y
otros que lo atienden. Como se dice en el capítulo 3, la madre
y el padre tienen mucho que ver con el aprendizaje de su hijo
en los primeros meses y años.

Sabemos que un niño que no tiene la oportunidad de
aprender como se debe en esta etapa a lo mejor no puede
lograr ese aprendizaje más adelante. Si nadie le habla, si su
mamá (o papá) muestra frialdad y distancia, el niño no va a
aprender tan bien como el que interactúa con padres y otros
cuidadores cariñosos durante las horas que está despierto.
Mientras más le hablas, le cantas o cantas con él, le lees, le
das ánimo, más avispado será.

Puedes interactuar con la niña aunque estés haciendo otras
cosas. A esta edad, probablemente no quiere perderte de vista.
¿Protesta si te vas al baño sin ella? Recuerda que en esta
etapa, cuando tú desapareces, ella se siente abandonada.

Las madres (y los padres) que aceptan el seguimiento
constante de la criatura, tienen una oportunidad fantástica para
enseñar. Si está cerca de ti cuando estás haciendo algo, háblale. Dile lo que estás cocinando. Que te ayude a desempolvar
la mesa.

Tú eres su primera maestra y la más importante y estás
trabajando con ella mucho más de 40 horas. La magnitud de
lo que aprende en este momento es inconcebible.

Bronwyn vive con su mamá pero pasa mucho tiempo en

casa de su papá. El tiempo que pasa con papi también es de aprendizaje para Bronwyn:

La llevo a pasear en su cochecito. Nos sentamos en el patio y jugamos con el perro.
Tengo un balde lleno de juguetes y la dejo sacar el que quiera. Si me da uno, me siento y juego con ella. Hablamos mucho. La verdad es que todavía no habla pero yo sé que entiende mucho. Ella es realmente sorprendente.

Brady, 17 – Bronwyn, 10 meses

A casi todos los niños de esta edad les encanta jugar afuera. Si no tienes un patio con césped, grama o zacate, ¿hay algún parque cerca? Por supuesto que al estar afuera cuando no se tiene todavía ni un año significa mucha supervisión por parte de mamá, papá o cualquier otra persona que cuida.

A Dale le encanta estar afuera y le gusta mucho el parque. Vamos todos los domingos porque su papá juega al béisbol. Lo tenemos que corretear constantemente.

Arlene, 17 – Dale, 11 meses

Jugar juntos

A tu bebé le encanta jugar contigo. Como le gusta imitar, tal vez le guste jugar a "sigue al líder". Hazlo fácil al principio. Da palmas, ponte un sombrero y ponle uno a ella, mueve las manos.

Los sonidos son interesantes para tu caminadorita, justo como lo eran desde recién nacida. Las campanitas de viento por fuera de la ventana de su cuarto le dan placer. Discos o CDs, radio, cajas de música y cascabeles la van a intrigar. "Cantar" contigo es muy divertido.

Haley tiene un juguete musical. Lleva el compás con la música. Mueve el cuerpo y los pies cuando baila.

Shaquala, 17 – Haley, 9 meses

Baila con tu bebé. Antes de que pueda pararse o caminar, le va a gustar que bailes cuando la tienes en brazos. Más adelante te va a entretener bailando sola.

Que toque su propia "música" en un tambor hecho con una cajeta vacía de avena. Se pega la tapa a la cajeta y se le da una cuchara de madera como palillo. Muéstrale cómo se toca el tambor.

Al principio de esta etapa, al bebé le va a encantar tirar de un juguete con una cuerda. Cuando gatea, a veces recula para poder observar el juguete cuando tira de la cuerda. Si el juguete suena al tirarlo, cuánto mejor.

Una actividad favorita es vaciar cosas. A tu parvulilla le encantará vaciar las gavetas de las cómodas o armarios, las alacenas de la cocina, los libreros, los basureros, lo que pueda alcanzar. No harás más que ponerlas en su lugar que estará lista para sacarlas otra vez.

Trato de mantener a Dale alejado de las alacenas. Les pongo ligas de goma. Él tira de las gavetas y saca la ropa. Yo le digo "no" y lo quito de allí, pero enseguida vuelve a las andadas.

Arlene

Darle una gaveta de la cómoda, una alacena, o un librero "propio" puede servir. Pero no esperes que se satisfaga con sacar los juguetes. Le gustará mucho más esa alacena en la cocina si puede sacar todas las ollas, peroles, cacerolas y vasijas plásticas. Por supuesto que ya has de tener todos los enseres de limpieza en otro lugar seguro.

Amelia se puede hacer de ollas y peroles en la cocina sin el menor problema. La saco de allí cuando ha terminado. Ciertos estantes tienen que estar con llave, pero me parece que los niños deben tener por lo menos la gaveta de abajo con cosas con las que puedan jugar. Con todo absolutamente bajo llave no aprendería nada.

Aimee, 17 – Amelia, 10 meses

También puede servir darle una variedad de vasijas

llenas para que las vacíe. Tal vez valdría tener los juguetes en bolsas o canastas pequeñas. Darle muchas oportunidades de vaciar las cosas "legalmente" le ayudará a entender que no se debe vaciar y volver a vaciar todo lo demás que hay en la casa.

Elección de juguetes

A Maelynn le gusta jugar con su pelota de playa y una pelotita de tenis. La arroja y luego quiere que alguien se la traiga.

Joleen, 17 – Maelynn, 9 meses

Las pelotas son el mejor juguete para todo bebé. Las puede hacer rodar y arrojarlas. Una vez gatee, puede ir por ella. Poco después va a disfrutar de una pelota de playa grande a la vez que disfruta enormemente las más pequeñas. La verdad es que lo que más le gusta es que juegues con él.

A los de un año les gustan los anillos que embonan y las cuentas. También están listos para grandes bloques de madera o de plástico. El juego consiste principalmente en meterlos y sacarlos de las vasijas. Dentro de poco, tu niño tal vez podrá balancear un bloque encima de otro.

Inspecciona los peluches para estar segura de que los ojos y las orejas están firmemente en su lugar. ¿Tiene el animal un cascabel en el cuello o una cinta con que el bebé se puede atorar? Tienes que quitarle al juguete cualquier cosa que el niño pueda arrancar.

Una cajeta redonda de cereal puede ser un buen túnel. Quítale el fondo y enséñale cómo se empuja un carrito por el túnel para esperarlo al otro lado. O si no, puedes atar una cuerda al carrito para que él tire de la cuerda por el túnel y haga pasar el carrito.

También se puede hacer una loma de cartón para el carrito. Dobla el cartón para que quede en declive en el piso. Después, muéstrale cómo se pone el carrito arriba de la loma y se deja rodar.

Que te "ayude" lo más posible en tus quehaceres.

Que te ayude

Tratar de imitar lo que tú haces tiene mucha importancia para una criatura. A los ocho meses, lo explora todo por el puro gusto de explorar. Casi todo le es nuevo. Unos cuantos meses más tarde, quiere seguir el ejemplo de los adultos. Antes golpeaba con la cuchara; ahora va a querer revolver con ella como lo hace mamá.

A los bebés les encanta hacer lo que haces tú. Que te "ayude" lo más posible en tus quehaceres. Cuando cocines, siéntalo en la silla alta por ahí cerca. ¿Estás horneando un pastel o haciendo tortillas? Dale un pedacito de masa para que trabaje contigo. Si estás revolviendo algo, dale una ollita y una cuchara para que él tambien revuelva.

Interacción con otros

A pesar de estar muy ocupada, tu niña con frecuencia te muestra su afecto, a ti y a otros. Hacia fines del primer año posiblemente le va a gustar estar con otros niños. Tal vez juegue solita pero le va a gustar observar a los otros. A veces hasta podría intentar unirse a la diversión.

Éste no es el momento de esperar que tu párvulo comparta sus juguetes con otro niño. Esto llevará tiempo. Aún está muy ocupada aprendiendo sobre sí misma para entender por qué Johnnie, sólo porque está de visita, puede jugar con su pelota.

¿Tienes un niño mayorcito? Si es bastante más grande que el bebé, probablemente pase casi todo su tiempo jugando con niños de su edad. Cuando interactúa con el bebé, posiblemente es muy dulce y usualmente trata al bebé como bebé que es.

Pero un hermano o una hermana tal vez no tiene aún la madurez y puede mostrar resentimiento y disgusto por la bebé. Esta etapa es particularmente difícil porque el bebé va a adueñarse de los juguetes del o de la mayor. Por lo general, va a ser una molestia para él o ella. Mientras más cerca en edad el uno del otro, peor la hostilidad del mayorcito.

Al supervisar a los dos, recuerda que el mayorcito, si tiene menos de tres años, te necesita tanto como el más pequeño. A veces te preguntarás cómo puedes extender tanto cuidado y tanta atención para que alcance para los dos.

Un tira y afloja entre dos párvulos es normal. No se puede esperar que uno de un año y uno de dos se lleven de lo mejor todo el tiempo, ni siquiera gran parte del tiempo.

Más desarrollo del lenguaje

Dale se mete en todo. Está empezando a hablar. La otra noche le dije "buenas noches" y él dijo "¡noches!". Eso es emocionante.

Arlene

Si le has hablado a tu bebé desde que nació, y si le has dado muchas experiencias para que aprenda, estará haciendo todo el esfuerzo por hablar a fines de su primer año. Todavía no dirá muchas palabras, pero hará el intento.

Unos investigadores estudiaron a un grupo de madres que

les leían a sus bebés de 15 a 20 minutos diariamente. Leían libros infantiles sencillos y baratos, les mostraban las imágenes y les hablaban sobre las mismas. Usaban los libros como base de conversación con sus bebés.

Se comparó el desarrollo verbal de estos niños con un grupo cuidadosamente pareado de niños cuyas madres no les leían con regularidad. Para los 17 meses, los niños cuyas madres les leían tenían mayor habilidad para hablar que los del otro grupo.

Le leo a Danette, especialmente Dr. Seuss. Me parece que leerle le da una ventaja en la educación.

Disfruto de sentarme a leer con ella. Le leo más que nada de noche, pero muchas veces también en la tarde, leemos un libro. A menudo me siento en la silla mecedora, ella se sienta en mi regazo y leemos.

Caroline

Hora de jugar

El juego de escondite o escondidas se puede variar. Se puede esconder detrás de una silla para que tú lo encuentres. Se desternillará de risa al verte buscar detrás de cada silla hasta que "encuentres" la que es.

A Maelynn le gusta jugar al tren. A veces lo hace sola. Se mete detrás de algo, después me mira para sorprenderme y se ríe.

El otro día trataba de hacerme reír. Se daba golpecitos leves en la cabeza en la cabecera acolchonada de la cama. No se hizo daño y yo me reí. Lo volvió a hacer para que yo me riera de nuevo.

Joleen, 17 – Maelynn, 9 meses

Ponte a su nivel. Juega en el piso con él cuando aprende a gatear. Le encantará que lo correos por todo el piso de la sala. Poco después él es quien te va a corretear a ti.

Una ollita metálica con tapa es un gran juguete, si la tapa

es redondeada y los bordes no son filosos. El bebé necesita paciencia y destreza para poder quitarle la tapa a la olla. Si metes un objeto pequeño en la olla, la sorpresa lo hará más interesante. Una vez que haya examinado atentamente la olla, tal vez le tengas que mostrar cómo se le quita la tapa y se le vuelve a poner.

También le puedes mostrar cómo suena un bloque cuando golpeas la olla con él. Muéstrale los diferentes sonidos que se pueden hacer cuando toca el zapato con el bloque, después con el piso. El ruido es una parte importante de la vida del bebé.

Jugar con el agua y en el agua

A los bebés les encanta jugar con agua y en agua. Esto puede relajarlos. Si no puedes poner al bebé afuera con un poco de agua, tal vez puedas hacerlo en la cocina sin mucha dificultad.

Primero, acolchona bien con periódicos y cubre esto

Le encanta jugar en el agua y con el agua.

Hacer juguetes

Bolsas de arroz. Haz unas cuantas bolsitas de arroz y enséñale a tirarlas. Usa una tela de textura distinta para cada una – piel, satín, pana y vinilo, por ejemplo. No tienes más que cortar dos círculos de tela para cada bolsa. Con los lados al derecho juntos hacia adentro, cose firmemente (preferible a máquina) por todos los bordes, dejando una abertura de una pulgada para darle vuelta y rellenar. Saca el lado derecho y rellana con arroz. Cose la abertura con puntadas bien finas.

El arroz es mucho mejor para hacer estas bolsitas que los frijoles o habichuelas. Con un frijol o habichuela se puede atorar. O podría metérsela en el oído o la nariz y entonces habría un gran problema entre manos. No lo arriesgues.

Cajeta de tacto. En una cajeta, pon un cuadrito de linóleo, un naipe, una trampa grande de caucho, hule o goma para el fregador o fregadero y cuadritos de telas de distintas texturas.

Juguete de lata de café y horquillas de ropa. Puedes hacer una buen juguete con una lata de café de una libra y horquillas de ropa sin resortes. Ten cuidado de que los bordes de la lata no tengan filo. Sólo tienes que colocar las horquillas en el borde de la lata. Hasta podrías pintar las horquillas de rojo, amarillo y azul, eso sí, con pintura no tóxica. No es de esperarse que se aprenda los colores todavía, pero sí puedes empezar a presentarle la idea de color cuando le dices "vamos a poner la roja en la lata".

El carrete en el hoyo. Una lata de café con tapa de plástico se puede usar para un juego de "echa el carrete en el hoyo". Haz un hoyo en la tapa de plástico, un poquito más grande que los carretes. Luego enséñale cómo se echa cada carrete en la lata. Las tapitas de recipientes de jugo congelado también funcionan bien para este juego.

con una sábana vieja. Echa un poco de agua en un plato de plástico. Es suficiente con una o dos pulgadas de agua. Lo que quieres es que salpique, no que inunde. Para hacerlo más interesante, le puedes echar al agua unas gotitas de colorante de alimentos o un poquito de champú de bebe.

Para todo juego con agua, un adulto tiene que estar presente en todo momento.

Lo primero que va a hacer cuando salpique es probar el agua y después se divertirá muchísimo descubriendo todo lo posible. Para más diversión, le puedes dar un par de cubitos de hielo. Cuando ya estén muy pequeños, quítaselos porque se puede atorar con ellos si se los mete en la boca.

Cuando el bebé se pueda sentar sin ayuda, lo probable es que lo bañes en la bañera grande. Le encantará tener unos cuantos juguetes flotantes en la tina. Dile que le lave el cabello al pez cuando tú le lavas el cabello a él.

Se puede hacer un colador para jugar en el agua con la parte inferior de un recipiente plástico para leche. Sólo tienes que abrirle huecos con un punzón de hielo.

Hazle un guante de baño con una toallita de baño. Corta dos pedazos de la toallita del tamaño y forma de la manito del bebé. Cóselas y si quieres, adórnalas. Que se restriegue él mismo con su guante. No está de más recordarte que jamás le puedes dar la espalda ni por un segundo cuando está en el agua.

Tu emocionante reto

Amar, atender y guiar a tu criatura esos primeros años es un reto emocionante. Tu bebé se ha convertido en una persona "de verdad", una niña que va en camino de convertirse en individuo autosuficiente.

Tú eres una parte importante de su crecimiento al amarla, atenderla y disfrutar de juegos y actividades con ella.

Disfruta del tiempo que pasan juntas.

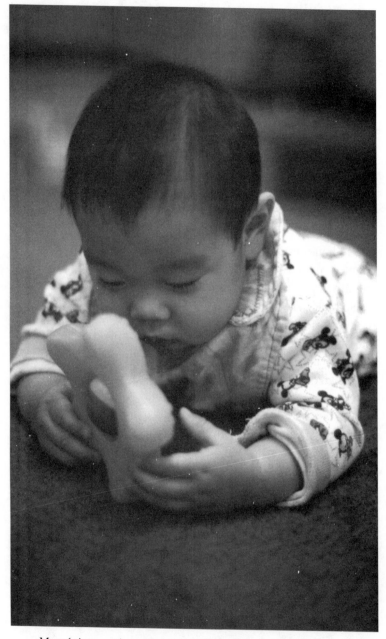

Mamá tiene un incentivo maravilloso para lograr sus metas.

15

Hacia tu futuro

Mi abuelo y mis tías fueron muy negativos cuando salí embarazada. Dijeron: "Ay, ¿sigues en la escuela? ¿Para qué? Ya no lo necesitas". El otro día les dije que estoy trabajando y me hicieron mofa.

Consideran que mi vida se acabó. Pero les voy a probar que puedo hacer lo que necesito a pesar de que tengo bebé.

Shaquala, 17 – Haley, 9 meses

Es más difícil ser madre soltera aunque el papá de Alice me ayuda. Pero él es muy serio. Dice que dentro de un año debemos hacer esto y aquello, que nos casaremos. Pero yo no me voy a casar con nadie.

Esto es lo que quiero hacer. Voy

a terminar la escuela secundaria dentro de dos años, ojalá.
Entonces quiero ir a la escuela de enfermería. Yo no quiero
estar en asistencia pública. Quiero ganar mi propio dinero.

Melanie, 15 – Alice, 13 meses

Mis planes futuros son para volver a la escuela y gra-
duarme de secundaria. Tengo que hacerlo porque es algo que
no me puedo quitar de encima. Es como una picazón que no
puedo rascar. Tengo que hacerlo por mi propia paz mental.

Deborah, 16 – 7 meses de embarazo

Las madres adolescentes y la pobreza

Una madre que tiene su primer hijo antes de los 18 años
probablemente va a ser pobre la mayor parte de su vida.
Muchas madres jóvenes se encuentran en una situación en que
tienen que recurrir a la asistencia pública o al salario mínimo
para sobrevivir. Sin embargo, hoy día, la reforma a la
asistencia pública limita seriamente el tiempo que una madre
joven puede tener derecho a esta ayuda.

Un gran porcentaje de niños de madres adolescentes crecen
en la pobreza. Pero, de acuerdo con ciertas investigaciones,
la crianza temprana no parece ser la causa de la pobreza. Es
la falta de una buena educación y de destrezas de trabajo. Esa
falta, por supuesto, a menudo va de la mano con la maternidad
–y la paternidad—tempranas.

A casi todas las madres de 15, y hasta de 17 años, se les
dificulta continuar los estudios. Una razón obvia es la falta de
atención infantil al alcance del bolsillo en muchas áreas. Aun
en casos en que la abuela puede cuidar a la criatura durante
el día, la vida estudiantil será diferente y por lo general más
difícil para la madre que para sus amigas que no tienen hijos.

Para muchas madres adolescentes, es demasiado difícil. En
EE.UU., la mayoría de las muchachas que dan a luz antes de
los 18 años nunca terminan la escuela secundaria.

Casi la mitad de las familias encabezadas por una mujer viven en la pobreza. Es más probable que las mujeres en esta situación no se hayan graduado de secundaria, menos probable que sean graduadas. Así, estas mujeres con menos estudios no podrán ganar tanto como sus amigas mejor educadas.

Parece irónico. Si no tiene la educación, no puede conseguir un buen empleo y no puede ganar mucho. Aún así, es más probable que ella sea quien traiga el único sueldo para la familia. La vida no es siempre justa.

Seguir en la escuela es crítico

Las estadísticas muestran que si una madre joven completa su educación y no tiene más hijos enseguida, puede ser que salga tan bien como sus amigas que dilatan la procreación hasta más adelante. Si queda embarazada a edad temprana, se casa, abandona la escuela y tiene más hijos uno detrás de otro, es probable que tenga problemas económicos el resto de su vida.

Las madres de secundaria que se casan tienen mayores probabilidades de abandonar la escuela que sus amigas solteras. De las que no son ni esposas ni madres, menos del 10 por ciento abandonan la escuela secundaria antes de terminar.

Un alto porcentaje de madres solteras adolescentes nunca se gradúa de escuela secundaria. Y un porcentaje aún mayor –un asombroso 80 por ciento – de las que se casan se sale de la escuela antes de graduarse.

Éstos son factores que tal vez puedes controlar. Empiezas con tu propia situación. Si eres madre joven con una criatura que mantener y atender, por allí es por donde empiezas a planear tu vida. Si aún no estás casada, podrías decidir posponer el matrimonio. Debes asegurarte de no volver a salir embarazada otra vez hasta que creas que estás preparada para otro bebé. Y puedes hacer todo lo posible por continuar tu educación.

*Por seguro que quiero terminar en la escuela. Va a ser
duro, pero tengo que terminar. Eventualmente quiero trabajar
con computadoras, pero quiero estar en casa con la bebé un
tiempo. Primero quiero un trabajo de medio tiempo. Después,
cuando Racquelle esté en la escuela, voy a trabajar a
tiempo completo.*

Cheryl, 15 – Racquelle, 2 meses

Se necesita guardería desesperadamente

Casi todas las madres adolescentes necesitan servicios
de guardería para poder completar sus estudios de escuela
secundaria. En la mayoría de los distritos escolares del país no
existen guarderías para hijos de adolescentes.

Encontrar una guardería es un problema serio para muchas madres adolescentes. Necesitan continuar sus estudios,
adquirir destrezas de trabajo y trabajar para poder mantenerse.
Para hacer todo esto, tienen que tener guardería para sus hijos.
La falta de guarderías condena a muchas jóvenes a depender
del bienestar social o asistencia pública para sobrevivir.

Sin embargo, una madre soltera ya no puede depender de
pequeños subsidios que anteriormente había para madres
solteras que llenaban ciertos requisitos. Las reformas al
programa de bienestar social o asistencia pública pasaron
algunas de esas decisiones a los distintos estados. El tiempo
que puede recibir ayuda una persona hoy día es sumamente
limitado. Para ciertas madres adolescentes, el reto de
mantener a su familia es abrumador, especialmente si no hay
ningún pariente que pueda cuidar al niño.

Ciertas adolescentes tienen a su mamá en casa al menos
parte del tiempo. La mamá de Alison trabaja fuera de casa
pero regresa temprano en la tarde. Está dispuesta a cuidar a
Stevie a esa hora, de modo que Alison ha planeado un horario
de trabajo que le va a permitir estar en casa con su hijo gran
parte de las horas en que está despierto:

*Voy a buscar trabajo pronto como oficinista en una sala
de hospital. Trataré de conseguir el turno de tarde para poder
estar casi todo el día con Stevie. Mi mamá regresa del trabajo
a media tarde. Ella se puede encargar de Stevie cuando yo me
voy al trabajo. Él se queda despierto hasta tarde, así que lo
puedo acostar cuando llego, como a las 10 ó las 11 p.m.*

Alison, 18 – Stevie, 2 meses

Si los parientes no pueden ayudar

La verdad es que muchos abuelos no se encuentran dis-
ponibles para atender a un bebé. En primer lugar, es posible
que no quieran ocuparse en eso. A lo mejor tu mamá es de
opinión que ya ella crió a su familia y no quiere empezar otra
vez. Tú puedes entenderlo.

Aunque esté dispuesta a hacerlo, puede ser que la abuelita
tenga empleo fuera de casa. Es posible que todos los
miembros de tu familia estén empleados. Puede ser que no
haya nadie en casa que quiera o pueda atenderte al bebé.

Ciertas escuelas tienen servicio de guardería en sus predios.

*Yo me encargo de la mayor parte de la atención. Me la
llevo a la escuela porque este semestre abrieron una
guardería. Eso es una gran ayuda. Mi mamá trabaja y yo
no sabía qué iba a hacer.*

                                        Alaina, 17 – Caelin, 4 meses

A no ser que tengas la suerte de ser madre adolescente y
estar en una de las escuelas de este país donde se ofrece servicio de guardería, tienes un gran problema entre manos. Tú sabes lo importante que es continuar tu educación. A lo mejor ya
has terminado la escuela secundaria pero te gustaría obtener
más capacitación para empleos o asistir a la universidad. Tal
vez estarás lista para obtener un empleo ya y no quieres con-
formarte con quedarte en casa y vivir de la asistencia social
aunque tengas derecho a eso por corto tiempo.

¿Quién va a cuidar a tu hijo cuando tú estés en la escuela o
en el trabajo?

La mayoría de las guarderías son para niños de por lo menos dos años. Muchas sólo aceptan a niños que ya saben ir al
inodoro. Tu comunidad tal vez ni siquiera tiene un centro de
guardería (a veces llamado "parvulario") que acepte a bebés y
párvulos. Para averiguarlo, consulta en el distrito escolar y las
agencias de servicio a las familias.

Puede haber guardería familiar. En esta tipo de centro, una
persona atiende a un número reducido de niños en su propia
casa. Unas de estas guarderías familiares tienen licencia,
otras no.

Para proporcionar buena atención diaria, una persona debe
ser responsable por un máximo de cinco niños, inclusive los
suyos si los tiene. A lo sumo, dos de esos niños que atiende
deben tener menos de dos años.

Si puedes pagar por el servicio, puede ser preferible que
una persona que atienda vaya a tu casa a cuidar a tu bebé. Los
bebés y los párvulos no van a querer el mismo horario tuyo.
Que la criatura duerma mientras tú vas a la escuela puede ser
beneficioso para ambos.

Selección de cuidadora

La decisión que tomes sobre la guardería es sumamente importante. Aún así, ¡hay quienes le ponen menos atención a eso que a la compra de un auto! Ya sea que elijas un centro de guardería (o "parvulario"), una guardería familiar, o una persona que vaya a casa a cuidar, asegúrate de que piensas bien lo que haces.

Haz preguntas, muchísimas preguntas. No contrates a la primera persona que entrevistes. Habla con varias cuidadoras, luego elige la que te parezca mejor para tu hijo o hija. Una mamá describe su búsqueda de cuidadora para su hijito:

Empecé a leer en el periódico local los anuncios de personas que cuidan. Después yo misma puse un anuncio y así fue como conocí a las mejores.

Cuando me llamaban, yo les preguntaba un montón de cosas. Ahí mismo, por esa llamada telefónica, sabía cuáles eran las que no quería. Entrevisté a por lo menos veinte personas antes de decidir.

Les hacía muchísimas preguntas:

- *¿A cuántos niños cuida?*

- *¿Qué edad tienen?*

- *¿Cómo los disciplina?*

- *¿Qué hace usted cuando un bebé llora?*

- *Cuando mi hijo empiece a gatear, ¿cómo va usted a proteger su casa? ¿Qué tal lo de "a prueba de niños"? (Si decía que lo metía en el corralito, esa persona salía de mi lista.)*

Si me gustaba lo que decía por teléfono, yo la iba a visitar, preferiblemente haciéndoselo saber con bastante anticipación. Quería saber cómo era su casa, cóme se las entendía. Si cuidaba a otros niños, trataba de visitar cuando estaban allí.

La verdad es que quería estar segura de que había un

Su distrito escolar proporciona guardería y transporte.

lugar para que Bryan comiera, durmiera, jugara. ¿Qué clases de actividades tenía para los párvulos? Yo le hacía toda clase de preguntas.

Tricia, 18 – Bryan, 6 meses

Recuerda que eres empleadora cuando contratas a una cuidadora. Tú eres quien toma la decisión. Tienes todo el derecho de hacer preguntas sobre todo lo que tenga que ver con el bienestar de tu bebé. Lo ideal sería que encontrases a una persona que atienda y ame a tu bebé casi de la misma manera que lo haces tú cuando estás con él.

Antes de decidir, asegúrate de preguntar si la cuidadora atiende a niños enfermos. Si no, a lo mejor tienes a una amiga o algún pariente que esté dispuesta/o a atenderlo cuando se trata de indisposiciones menores. Los bebés y otros niños se enferman en momentos poco convenientes.

Una vez que encuentres a esa cuidadora, ¿seguirás chequeando la clase de atención que recibe tu hijo o hija? Si aún no habla, no puede decirte lo que pasa cuando tú no estás.

Aunque sea más grandecito, tú tienes que saber todo lo posible sobre su "otra casa".

Puedes encontrar cualquier pretexto para visitar al niño de vez en cuando sin previo aviso. Ésta es una manera de saber la clase de atención que recibe. Una buena cuidadora debe agradecer tu interés y preocupación.

El costo del cuidado del bebé

Encontrar cuidado para el bebé es una cosa. Pagar por el servicio es otra. Si llenas los requisitos para TANF (siglas en inglés para "Temporary Aid for Needy Families" o "ayuda temporal para familias necesitadas"), consulta con tu trabajadora social. Puede ser que haya disponible dinero extra para cuidado del bebé mientras continúas en la escuela o aprendes destrezas de trabajo. O podrías tener derecho a un subsidio para cuidado del bebé por medio de tu universidad local. Probablemetne puedes averiguarlo en el centro femenino de la universidad.

Si recibes asistencia social o bienestar público, tal vez podrías participar en un programa que proporciona asistencia extra para cuidado del bebé, transporte y otros gastos relacionados con el trabajo mientras estás en la escuela o en capacitación para empleo.

Si no tienes para pagar a una cuidadora y no tienes a nadie más que cuide a tu hijo sin costo, ¿puedes intercambiar quehaceres de atención infantil con otra madre joven? Un intercambio así sería muy difícil si tienes que asistir a la escuela a tiempo completo.

Si te interesa asistir a la escuela nocturna, o si eres estudiante universitaria, un intercambio podría ser posible. Programa tus clases de modo que tú puedas cuidar al otro niño cuando su mamá está en la escuela. Cuidar a dos niños mientras tratas de estudiar puede ser difícil, pero sería una manera de obtener esa educación que tanto necesitas para beneficio de tu hijo y el tuyo propio.

Planificación familiar

Yo voy a tener dos hijos, máximo. Creo que con dos es bastante. Lo ideal, me parece, sería tener otro cuando Dale tenga tres años, cuando ya él más o menos se defienda solo.

Arlene, 17 – Dale, 11 meses

Muchas mamás y muchos papás adolescentes que tienen un solo hijo pueden continuar con su educación y seguir hacia sus metas.

Si tienen un segundo hijo antes de terminar en la escuela, las dificultades se multiplican. Tener más de una criatura limita la independencia drásticamente:

Es duro de verdad – una segunda criatura parece como cinco más. Creo que no la debí tener. Le digo a Charles: "Tú tenías razón. Debí haber abortado". Yo quería salir de todo enseguida – graduarme, tener mi licencia, tener los dos chiquillos. Pero ahora de veras que no tengo nada. Estoy cansada y nerviosa y malhumorada.

Colleen, 18 –Ruby, 7 meses; Hilda, 21 meses

El costo financiero de tener un segundo bebé muy seguido del primero puede ser aplastante:

No piensas que los gastos de un segundo bebé van a ser mucho, pero sí lo son. Cuesta mucho más con Ruby. El año pasado Charles trabajaba horas de sobretiempo para extras como la Navidad. Ahora tiene que hacer sobretiempo para que podamos llegar al fin del mes.

A lo mejor no sería tan pesado si viviéramos en una casa y tuviéramos muchas cosas y dijéramos "estamos en quiebra". Pero no debería pasar cuando estamos en un apartamentito de una recámara. No te puedes imaginar lo que cuestan estas dos criaturas.

Colleen

Desde el punto de vista del bebé, esperar tres o hasta cuatro años para el próximo es sensato. Un niño de dos años necesita casi tanta atención, aunque de manera distinta, como un recién nacido.

Cuando trajimos a Leon del hospital, DeeDee tenía tres años y quería cargarlo, así que la sentamos en el sofá y la subimos sobre un cojín para que pudiera sostenerlo. Desde entonces, él es su bebé de ella. Hemos tenido muy pocos celos.

Si lo hubiésemos tenido antes, DeeDee no hubiera podido disfrutar lo suficiente el ser bebé. Yo quería que fuera ya un poquito más independiente para que se acostumbrara a que yo no iba a pasar tanto tiempo con ella.

Muchas mamás que he visto tienen sus hijos muy cerca uno de otro. Eso como que hace que el mayor se sienta abandonado. El bebé tiene que crecer rapidísimo en vez de disfrutar el ser bebé.

Tamera, 11 – Leon, 10 meses; DeeDee, 4 años

Los bebés vienen por accidente. Si no quieres tener otro enseguida, el control de la natalidad es imprescindible. Esto puede ser sencillamente abstenerse del coito. Si estás dando el pecho, no cuentes con que eso te va a proteger de quedar embarazada. Puedes concebir aunque estés lactando.

Si estás dando el pecho, consulta con tu médico acerca de la píldora anticonceptiva. Ciertas píldoras pueden rebajar la producción de leche. Podría ser mejor usar otro método anticonceptivo mientras estés lactante.

Éste puede ser buen momento para pedir al médico que te inserte un aparato intrauterino o IUD (las siglas en inglés para "intrauterine device"). O tal vez podrías considerar el implante anticonceptivo, el parche, o una inyección como Depo Provera cada tres meses. Consulta con tu proveedor de atención médica.

Si el hombre usa un preservativo o condón (caucho, hule, goma) y la mujer usa espuma, los dos métodos juntos son tan efectivos para prevenir un embarazo como lo son la píldora o el IUD. Tanto el preservativo o condón como la espuma se pueden comprar en una farmacia sin necesidad de receta alguna.

Nykesha prefiere el parche anticonceptivo:

No estoy segura de querer otro bebé – tal vez en otro momento, cuando ya no esté en casa de mi mamá.

Uso el parche porque es bien fácil. Te pones uno una semana, te lo quitas, te pones otro y haces lo mismo una tercera vez. Después de tres semanas te lo quitas y te quedas sin él una semana.

Para mayor información sobre métodos anticonceptivos, consulta *Tu embarazo y el nacimiento del bebé,* de Linday y Brunelli.

Las parejas sexualmente activas necesitan dialogar sobre asuntos relativos a la anticoncepción. Si esto se te dificulta, recuerda que tener otro bebé muy pronto también va a ser muy difícil para tu pareja. Brad habló del tema:

Prefiero tres años entre una criatura y otra. Quiero tener tiempo suficiente para enseñar a mi primer hijo.

¿Cómo hablar de las relaciones sexuales? En primer lugar, deben estar solos. Pregúntale qué piensa sobre la protección. ¿Cuántos hijos quieres tener? Y si uno de los dos no quiere usar protección, tienen que hablarlo, llegar a un entendimiento.

Brad, 17 – Adam, 13 meses

Si no estás embarazada ahora, y no quieres tener un hijo dentro de poco, tienes dos opciones. Una, por supuesto, es la abstención de relaciones sexuales. Si las tienes, usa un método de control de la natalidad – en todo momento.

Tus metas a largo plazo

Las metas a largo plazo también son importantes. ¿Dónde quieres estar en cinco años? Sin embargo, el problema con metas a largo plazo es que no son fáciles. Por ejemplo, puede que digas: "en cuatro años voy a haber teminado en la escuela, me habré casado y viviré en una casa grande. Tendremos otro bebé. Doug va a estar trabajando y yo estaré en casa con los niños".

Ésa es una meta a largo plazo y si es lo que quieres, sin duda debes seguir planeando y luchando hasta lograrla.

Lo más importante es, ¿qué estás haciendo este año, este mes, por esa vida que quieres para ti y para tu hijo? ¿Qué tienes que hacer para continuar con tu educación? ¿Qué pasos puedes dar ahora para empezar o continuar con la capacitación en destrezas para empleo?

En estos momentos estoy prestando atención a la escuela. Me voy a graduar en la primavera que viene. Mi meta es seguir estudios, asistir a la universidad. No le pongo límites a mi vida. Si quieres algo, tienes que hacer lo que sea necesario para alcanzar esa meta.

En estos momentos andan diciendo que yo no me voy a graduar porque tengo una hija. Les voy a demostrar que sí puedo.

Kimiko, 17 – Sujatha, 5 meses

Si tú y el otro progenitor del bebé están juntos, ambos tienen que continuar con su educación y capacitación en destrezas para empleo – a no ser que uno o ambos ya estén capacitados para trabajar.

A veces ciertas madres jóvenes aún consideran que no tendrán que ir a trabajar porque el papá del bebé los va a mantener. Para casi todos nosotros, ésta no es una expectativa realista por varias razones:

• En muchas familias donde hay madre y padre, ambos tienen que trabajar para mantener a la familia.

• La mayor parte de los matrimonios entre adolescentes termina en un corto plazo.

• Como madre, tienes que estar educada para ser la mejor progenitora posible para tu hijo.

¿Qué haces hoy en pro de un futuro satisfactorio para ti y tu hijo o hija?

Apéndice

Acerca
de la autora

Jeanne Warren Lindsay es autora de dieciséis libros para y sobre adolescentes embarazadas y que crían a sus hijos. Para 2004, se habían vendido casi 700,000 ejemplares de sus libros.

Los libros de Lindsay tratan de asuntos relacionados con el embarazo de adolescentes, la crianza y la adopción desde la perspectiva de la familia natural, así como de relaciones entre adolescentes. Su obra *Teen Dads: Rights, Responsibilities and Joys* fue seleccionado por la American Library Association como uno de los libros recomendados para lectores jóvenes reacios.

Lindsay ha laborado con cientos de adolescentes gestantes y en crianza. Fue ella quien desarrolló el Teen Parent Program en Tracy High School, Cerritos, California, y coordinó el programa durante muchos años. La mayoría de sus libros son para adolescentes gestantes y en crianza; para ilustrar los conceptos, a menudo se citan comentarios hechos en entrevistas.

Lindsay creció en una finca en Kansas. Durante 43 años ha residido en la misma casa en Buena Park, California. Le encanta visitar el Oeste Medio, pero dice que ahora es adicta a la vida en el sur de California. Ella y su esposo Bob tienen cinco hijos y siete nietos.

Linsay es redactora de *PPT Express*, un boletín trimestral para educadores y otras personas que trabajan con adolescentes embarazadas y que crían a sus hijos. A menudo participa en conferencias por todo el país pero dice que lo que prefiere es entrevistar a los jóvenes para sus libros o escribir bajo el olmo del patio de su casa.

Bibliografía

La siguiente bibliografía contiene libros para adolescentes embarazadas y que crían a sus hijos y para quienes trabajan con ellas. Muchos de estos títulos tienen cuadernos de trabajo y otras formas de ayuda para el salón de clases. Los precios que se incluyen son de fines de 2003. Pero como los precios cambian rápidamente, se recomienda llamar a la librería o buscar en la librería por internet o en la sección de consulta/referencia de la biblioteca local para saber los precios actuales y la dirección adonde pedir un libro. Si no puedes encontrar un determinado libro en tu librería, casi siempre lo puedes obtener directamente de la editorial. Incluye $3.50 por gastos de envío de cada libro. En las páginas 223-224 hay una hoja de pedidos para publicaciones de Morning Glory Press.

Anasar, Eleanor. *"You and Your Baby: Playing and Learning Together."* *"You and Your Baby: A Special Relationship."* 2001. *"You and Your Baby: The Toddler Years."* 2003. 32 págs. c/u. Versiones en inglés y en español. $2.65 c/u. Descuentos por cantidades grandes. The Corner Health Center, 47 North Huron Street,

Ypsilanti, MI 48197. 734.484.3600.

Hermosísimas fotos de adolescentes con sus hijos cada dos páginas. Cada librito contiene información útil a un nivel de lectura sumamente fácil.

Arnoldi, Katherine. *The Amazing True Story of a Teenage Single Mom.* 1998. 176 págs. $16. Hyperion.

Escrito como experiencia de la vida real en formato de muñequitos, es la historia de una mamá que tenía sueños pero enfrentaba muchos obstáculos para realizarlos.

Beagalehole, Ruth. *Mama, listen! Raising a Child without Violence: A Handbook for Teen Parents.* 1998. 224 págs. $25. Curriculum Guide, $20. Ruth Beaglehole, 2126 Echo Park Ave., Los Angeles, CA 90026. 323.661.9123.

Un libro singular. Casi todo está escrito como en la voz de un párvulo, con explicaciones de lo que necesita de sus padres. Buena descripción de las necesidades emocionales de niños pequeños. Se recomienda una absoluta ausencia de violencia (no pegar ni dar nalgadas) por toda la obra.

Brinkley, Ginny y Sherry Sampson. *You and Your New Baby – A Book for Young Mothers.* Disponible en español: *Usted y su nuevo bebé.* 1996. 80 págs. $3. ICEA, P.O..BOX 20048. 951.854.8660.

Guía sencilla para madres adolescentes sobre la atención del bebé. El formato es especial para leer con facilidad.

Gottfried, Ted. *Teen Fathers Today.* 2001. $24.90. Twenty First Century Books.

El enfoque es en padres adolescentes en EE.UU. y su papel en el proceso de la crianza. Historias de la vida real complementan la discusión. Proporciona información práctica para cosas como la reacción de los padres, la realidad del embarazo y el alumbramiento y responsabilizarse por el bebé propio.

Harris, Robie H. Ilustraciones de Michael Emberley. *It's Perfectly Normal: Changing Bodies, Growing Up, Sex and Sexual Health.* 1996. 89 págs. $10.99. Candlewick Press.

Las ilustraciones son magníficas y dificultan el que uno siga pensando que los asuntos sexuales son cosas de las que no hablamos con nuestros hijos.

Jacobs, Thomas A., et al. *What Are My Rights? 95 Questions and Answers about Teens and the Law.* 1997. 208 págs. $14.95. Free Spirit Publishing. 612.338.2068.

Una guía sin adornos de las leyes que afectan a los adolescentes en casa, en la escuela, en el trabajo y en la comunidad.

Lansky, Vickie. *Feed Me — I'm Yours.* 1994. 141 págs. $9. Meadowbrook, Inc., 18318 Minnetonka Boulevard, Deephaven, MN 55391. 800.338.2232.
Un excelente libro de cocina para madres y padres primerizos. Muchas recetas para hacer comida de bebé comenzando desde cero. También incluye instrucciones para artesanías de cocina.

_____. *Games Babies Play from Birth to Twelve Months.* 1993. 112 págs. $8.95. The Book Peddlers, 15245 Minnetonka Boulevard, Deephaven, MN 55345-1510. 800.255.3379.
Colección de actividades – 20-30 ideas para trimestres del primer año. Se asignan varias actividades cada semana para que las alumnas interactúen con sus bebés como parte del currículo de edades y etapas/pasos.

Leach, Penelope. *Your Baby and Child from Birth to Age Five.* Revisado, 1997. 560 págs. $20. Alfred A. Knopf.
Un libro absolutamente bello repleto de información, muchas fotos a color e ilustraciones lindísimas. Guía comprensiva, acreditada y extraordinariamente sensible para la atención y desarrollo del bebé.

Lieberman, E. James, M.D., y Karen Lieberman Troccoli, M.P.H. *Like It Is: A Teen Sex Guide.* 1998. 216 págs. $25. McFarland and Co.
Excelente libro para padres (y todos los) adolescentes. Describe métodos anticonceptivos, empezando con la abstinencia, y los riesgos asociados con cada uno de ellos. Da información sin idea preconcebida sobre opciones para el embarazo.

Lindsay, Jeanne Warren. *The Challenge of Toddlers y Your Baby's First Year* (Teens Parenting Series). 2004. 224 págs. c/u. Rústica, $12.95 c/u; empastado, $18.95 c/u. Cuadernos de trabajo, $2.50 c/u. Morning Glory Press. 888.612.8254.
Libros prácticos especialmente para madres/padres adolescentes. Muchas citas de adolescentes que comparten sus experiencias. Juegos de tablero ($29.95 c/u), uno para cada uno de estos títulos, dan refuerzo al aprendizaje. También hay disponible una serie de 4 videos, **Your Baby's First Year** *($195). Para detallada guía del maestro, ver* **Challenge of Toddlers Comprehensive Curriculum Notebook** *y* **Nurturing Your Newborn/Your Baby's First Year Comprehensive Curriculum Notebook** *($125 ea.).*

_____. Cinco **Comprehensive Curriculum Notebooks for Teens Parenting Series** *($125 ea.):*
Your Pregnancy and Newborn Journey; Nurturing Your Newborn/Your Baby's First Year; The Challenge of Toddlers; Discipline from Birth to Three; Teen Dads. 2002. 175-190 págs. Cuadernos de hojas sueltas. $125 c/u; 5/$500. Morning Glory. Cada cuaderno contiene, para cada capítulo

del libro, objetivos, recursos suplementarios, sugerencias para maestros, lista de actividades de grupo y estudio independiente, actividades que se pueden reproducir, volantes con listas de puntos salientes del capítulo, prueba, clave de respuestas y respuestas sugeridas para todas las tareas del cuaderno de trabajo.

_____. **Do I Have a Daddy? A Story About a Single-Parent Child.** 2000. 48 págs. Rústica, $7.95; empastado, $14.95. Guía de estudio gratis. Morning Glory Press.
Un libro hermoso con fotos a todo color para el niño o la niña que nunca ha conocido a su papá. Una sección especial de 16 páginas da sugerencias a madres solteras.

_____. y Jean Brunelli. **Nurturing Your Newborn: Young Parent's Guide to Baby's First Month.** (Teens Parenting Series) 1999. 64 págs. $6.95. (En español: **Crianza del recién nacido: Guía para el primer mes.**) Morning Glory Press.
*Enfoca el período del posparto. Ideal para madres/padres adolescentes después del alumbramiento. Para mayor ayuda en enseñanza, ver **Nurturing Your Newborn/Your Baby's First Year Comprehensive Curriculum Notebook**, en pág. 217.*

_____, _____ . **Your Pregnancy and Newborn Journey** (Teens Parenting Series). 2004. 224 pp. Paper, $12.95; hardcover, $18.95; Workbook, $2.50. (En español: **Tu embarazo y el nacimiento del bebé.**) Morning Glory Press.
*Libro de salud prenatal para adolescentes embarazadas. Incluye una sección sobre cuidado del recién nacido y un capítulo para papás. Para sugerencias detalladas, ver Your Pregnancy and Newborn Journey Comprehensive Curriculum Notebook. También **Pregnancy and Newborn Journey board game** y **Pregnancy Two-in-One Bingo game**.*

_____ y Sally McCullough. **Discipline from Birth to Three.** 2004. 224 págs. Rústica, $12.95; empastado, $18.95. Cuaderno de trabajo, $2.50. Descuentos por cantidades grandes. Morning Glory Press.
*Proporciona guías para ayudar a padres adolescntes a prevenir problemas de disciplina y cómo entenderse con los mismos cuando ocurren. Para sugerencias detalladas, ver **Discipline from Birth to Three Comprehensive Curriculum Notebook**. También la serie de cuatro videos: **Discipline from Birth to Three**.*

Marecek, Mary. **Breaking Free from Partner Abuse.** 1999. 96 págs. $8.95. Descuento por cantidades grandes. Morning Glory Press.
Hermosa edición ilustrada por Jami Moffett. El mensaje de trasfondo es que la lectora no merece que se le golpee. Ayuda a que una joven se escape de una relación de abuso.

McCoy, Kathy, Ph.D., y Charles Wibbelsman. *Teenage Body Book Guide.* 1999. 288 págs. $18.95. Perigee Publishing.
Libro repleto de información para adolescentes sobre su cuerpo, sentimientos que cambian, belleza de adolescente y necesidades médicas necesarias de adultos jóvenes en cuanto a sexualidad, enfermedades venéreas, control de la natalidad, embarazo y maternidad/paternidad. Numerosas citas de jóvenes, a veces en forma de preguntas.

MELD Parenting Materials. *Nueva Familia.* Seis libros, en español y en inglés por separado. *Baby Is Here. Feeding Your Child, 5 months-2 years. Healthy Child, Sick Child. Safe Child and Emergencies. Baby Grows. Baby Plays.* 1992. $12 each. MELD, Suite 507, 123 North Third Street, Minneapolis, MN 55401. 612.332.7563.
Libros muy informativos fáciles de leer. Preparado especialmente para familias mexicanas y mexicoamericanas, son también excelentes guías para cualquier persona cuya habilidad de leer sea limitada. Pide a MELD un catálogo de otros materiales dirigidos a madres/padres de edad escolar.

_____. *The New Middle of the Night Book: Answers to Young Parents' Questions When No One Is Around.* 1999. 163 págs. $12.50. MELD.
Incluye información escrita con claridad sobre crianza durante los dos primeros años. Una sección especialmente útil presenta los beneficios e instrucciones para la crianza compartida, sea o no sea que el padre y la madre estén en una relación de pareja.

Parent Express Series: *Parent Express: For You and Your Infant.* Spanish edition: *Noticias para los padres. Parent Express: For You and Your Toddler.* Cada boletín, 8 págs. $4 cada juego. ANR Publications, University of California, 6701 San Pablo Avenue, Oakland, CA 94608-1239. 510.642.2431.
Magnífica serie de boletines para madres/padres. El primer juego empieza dos meses después del alumbramiento y continúa mensualmente durante el primer año del bebé. El segundo juego, con doce cartas, cubre el segundo y el tercer año. Buen recurso para madres/padres adolescentes. Hermosas fotos, fácil lectura.

Pollock, Sudie. *Will the Dollars Stretch? Teen Parents Living on Their Own.* 2001. 112 págs. $7.95. Guía del maestro, $2.50. Morning Glory.
Cinco relatos breves sobre madres/padres adolescentes que viven por su propia cuenta. Al leerlos, los estudiantes van a sentir la experiencia de la pobreza en que viven muchos jóvenes que tienen que escribir cheques y verificar los saldos en la chequera.

_____. *Moving On: Finding Information You Need for Living on Your Own.* 2001. 48 págs. $4.95. 25/$75. Morning Glory Press.
Guía de llenar espacios para ayudar a los jóvenes a encontrar información acerca de su comunidad, información para vivir aparte de sus padres.

Porter, Connie. *Imani All Mine.* 1999. 218 págs. $12. Houghton Mifflin.
Magnífica novela cuya protagonista es una madre adolescente negra en el barrio donde la realidad de la vida diaria consiste en pobreza, racismo y peligro.

Reynolds, Marilyn. **True-to-Life Series from Hamilton High:** *Detour for Emmy. Telling. Too Soon for Jeff. Beyond Dreams. Baby Help. But What About Me? Love Rules. If You Loved Me.* 1993-2001. 160-256 págs. Rústica, $8.95 (Love Rules, $9.95). La *True to Life Series Teaching Guide* (1996, 144 págs., $21.95) cubre los cuatro primeros títulos. Para los otros cuatro hay guías separadas, $2.50 c/u. Morning Glory Press.
Absorbentes relatos que tratan de la situación que enfrentan los adolescentes. Se comienza con **Detour for Emmy**, *novela premiada, acerca de una madre de 15 años. Los estudiantes que leen una de las novelas de Reynolds por lo general piden más. Los tópicos incluyen maltrato doméstico, violación por parte de conocidos, padres adolescentes reacios, abuso sexual, accidente mortal, abstinencia, homofobia, fracaso escolar.*

Seward, Angela. Illustrated by Donna Ferreiro. **Goodnight, Daddy.** 2001. 48 pp. Rústica, $7.95; empastado, $14.95. Morning Glory.
Bello libro de láminas a color muestra la emoción de Phoebe porque su papá la va a visitar hoy. Luego queda desolada cuando él llama para decir que "Se ha presentado algo" y no puede ir. El libro ilustra la importancia del padre en la vida de una criatura.

Silberg, Jackie. *125 Brain Games for Babies.* 1999. 143 pp. $14.95. Consortium Book Sales. *125 Brain Games for Toddlers and Twos.* 2000. $14.95. Gryphon House.
De fácil lectura, sin embargo discute la lactancia en profundidad. Pregunta también por los panfletos Babies First, misma fuente.

Wolff, Virginia E. *Make Lemonade.* 2003. 208 págs. $5.95. Scholastic.
Magnífica novela sobre una adolescente que reside en uno de los multifiamiliares pobres ("projects") y se emplea como niñera para una madre adolescente; eventualmente la madre vuelve a la escuela, sus niños van a una guardería y su vida se encarrila otra vez.

Índice

Morning Glory Press
6595 San Haroldo Way, Buena Park, CA 90620
714.828.1998; 888.612.8254   Fax 714.828.2049
Favor de pedirnos catálogo completo, inclusive descuento por cantidades

	Precio	Total
__ *Teens Parenting Curriculum completo*	$1108.00	_____

Uno de cada uno – Cinco Comprehensive Curriculum Notebooks
más 8 libros, 6 cuadernos de ejercicios, 8 videos, 4 juegos
(todo en este pág.)
Compre un texto y un cuaderno de trabajo para cada estudiante.
Comuníquese con nosotros para generosos descuentos por cantidades

Recursos para maestros de padres/madres adolescentes/consejeros

__ *Books, Babies and School-Age Parents*	14.95	_____
__ *ROAD to Fatherhood*	14.95	_____

Resources for Teen Parents:

__ *Tu embarazo y el nacimiento del bebé*		
__ *Your Pregnancy and Newborn Journey*	12.95	_____
__ *PNJ Curriculum Notebook*	125.00	_____
__ **PNJ Board Game**	29.95	_____
__ **Pregnancy Two-in-One Bingo**	19.95	_____
__ *Crianza del recién nacido*	7.95	_____
__ *Nurturing Your Newborn*	7.95	_____
__ *El primer año del bebé*	12.95	_____
__ *Your Baby's First Year*	12.95	_____
__ *BFY/NN Curriculum Notebook*	125.00	_____
__ **Serie de cuatro videos– Baby's First Year Series**	195.00	_____
__ **Baby's First Year Board Game**	29.95	_____
__ *Discipline from Birth to Three*	12.95	_____
__ *Discipline Curriculum Notebook*	125.00	_____
__ **Los cuatro videos – Discipline Birth to Three Series**	195.00	_____
__ *The Challenge of Toddlers*	12.95	_____
__ *CT Curriculum Notebook*	125.00	_____
__ **Challenge of Toddlers Board Game**	29.95	_____
__ *Teen Dads: Rights, Responsibilities and Joys*	12.95	_____
__ *Teen Dads Curriculum Notebook*	125.00	_____

SUBTOTAL (Llevar a parte superior página siguiente) _____

HOJA DE PEDIDOS – Página 2
Morning Glory Press

SUBTOTAL DE PÁGINA ANTERIOR _____

Más recursos para madres/padres adolescentes

Los siguientes libros NO se incluyen en Teens Parenting Curriculum completo:

__ *Moving On*	4.95	_____
__ *Will the Dollars Stretch?*	7.95	_____
__ *Do I Have a Daddy?* Empastado	14.95	_____
__ *Pregnant? Adoption Is an Option*	11.95	_____
__ *Surviving Teen Pregnancy*	11.95	_____
__ *Safer Sex: The New Morality*	14.95	_____
__ *Teen Moms: The Pain and the Promise*	14.95	_____
__ *Teenage Couples: Caring, Commitment and Change*	9.95	_____
— *Teenage Couples: Coping with Reality*	9.95	_____

Novelas por Marilyn Reynolds:

__ *Love Rules*	9.95	_____
__ *If You Loved Me*	8.95	_____
__ *Baby Help*	8.95	_____
__ *But What About Me?*	8.95	_____
__ *Too Soon for Jeff*	8.95	_____
__ *Detour for Emmy*	8.95	_____
__ *Telling*	8.95	_____
__ *Beyond Dreams*	8.95	_____

TOTAL _____

Adjuntar envío: 10% del total—mínimo $3.50; 20% en Canadá

Residentes de California, adjuntar 7.75% por impuesto de venta _____

TOTAL _____

Preguntar sobre descuentos por cantidad para guías de maestro y estudiante.

Se requiere prepago. Se aceptan pedidos de compra de escuelas/bibliotecas.

A falta de satisfacción, devolver en lapso de 15 días para reembolso.

NOMBRE _____

TELÉFONO_____ # de orden de pedidos_____

DIRECCIÓN _____

_____